新华学术·思享者

新华学术系列图书：

《多元文化主义的终结》［美］劳伦斯·哈里森 著

《想透彻：当代哲学导论》［美］夸梅·安东尼·阿皮亚 著

《法国人是如何思维的》［英］苏迪·哈扎里辛格 著

《稻草狗：进步只是一个神话》［英］约翰·格雷 著

《木偶的灵魂：自由只是一种错觉》［英］约翰·格雷 著

《动物的沉默：人类优越论是一种偏见》［英］约翰·格雷 著

《反利维坦：政府权力与自由社会》［美］罗伯特·希格斯 著

《道德之弧：科学和理性如何将人类引向真理、公正与自由》［美］迈克尔·舍默 著

《民主的反讽：美国精英政治是如何运作的》（第15版）［美］托马斯·戴伊 著

《权力精英》［美］C·赖特·米尔斯 著

《政府为什么会失败》［美］兰迪·T. 西蒙斯 著

《幸福乌托邦：科学如何测量和控制人们的快乐》［美］威廉·戴维斯 著

《文化的重要作用：价值观如何影响人类进步》［美］塞缪尔·亨廷顿 主编

《电影院里的哲学课》［英］克里斯托弗·法尔宗 著

《哲学能做什么》［美］加里·古廷 著

《非常识：最聪明哲学家们的最奇怪思想》［美］安德鲁·佩辛 著

《思想者心灵简史：从苏格拉底到尼采》［美］詹姆斯·米勒 著

《道德哲学十一讲》［英］艾里克斯·弗罗伊弗 著

《没有标准答案的哲学问题》［美］菲尔·沃什博恩 著

《我们如何思维》［美］约翰·杜威 著

《论人的本性》［美］爱德华·O·威尔逊 著

《对权威的服从：一次逼近人性真相的心理学实验》［美］斯坦利·米尔格拉姆 著

石头汤实验

文化隔阂为什么如此顽固

[美] 黛博拉·唐宁·威尔逊◎著
王亦兵◎译

THE STONE SOUP
EXPERIMENT
Why Cultural Boundaries Persist

新 华 出 版 社

图书在版编目（CIP）数据

石头汤实验：文化隔阂为什么如此顽固 / （美）黛博拉·唐宁·威尔逊著；
王亦兵译. ——北京：新华出版社，2017.7
书名原文：The Stone Soup Experiment: Why Cultural Boundaries Persist
ISBN 978-7-5166-3401-1

Ⅰ. ①石… Ⅱ. ①黛…②王… Ⅲ. ①差异（心理学）－文化心理学－实验－研究
Ⅳ. ①C912.6-0

中国版本图书馆CIP数据核字（2017）第187119号

著作权合同登记号：01-2016-6499

石头汤实验：文化隔阂为什么如此顽固
作　　者：[美]黛博拉·唐宁·威尔逊　**译　　者：**王亦兵

选题策划：黄绪国　**责任印制：**廖成华
责任编辑：高映霞　**封面设计：**臻美书装

出版发行：新华出版社
地　　址：北京石景山区京原路8号　**邮　　编：**100040
网　　址：http：//www.xinhuapub.com
经　　销：新华书店、新华出版社天猫旗舰店、京东旗舰店及各大网店
购书热线：010－63077122　**中国新闻书店购书热线：**010－63072012

照　　排：臻美书装
印　　刷：北京凯达印务有限公司
成品尺寸：148mm×210mm　1/32
印　　张：7.75　**字　　数：**150千字
版　　次：2017年8月第一版　**印　　次：**2017年8月第一次印刷
书　　号：ISBN　978-7-5166-3401-1
定　　价：45.00元

目录 | CONTENTS

引言

浪漫主义课堂

善用健康的感官，我们自己就是最精密的科学仪器。

——歌德

2008 年春，我组织学生开展了一项文化模拟实验。这是一个参与性质的科学研究项目，旨在揭示新建群体内部文化的形成过程以及群体内各成员之间达成共识的方式。作为一名研究人员，我希望看到学生对其所属群体的认同，看到各群体创造并阐释他们的文化传统和文化素材，看到各群体在交往互动中相互借鉴、相互适应。虽然项目开始之前我也看过一些相关的研究文献，但是参与者们在实验过程中所表现出来的极大的情感投入还是让我深感意外。此外，同样出乎我意料的结果还包括：在实验初始阶段即形成了明确的群体内外界限，界限遭到破坏以后各群体之间的协商谈判颇具复杂性与激烈性，以及对“原始”群体的认同感在模拟阶段过后很长一段时间内仍然继续存在。随着实验项目的逐渐展开，活动中出现了偷窃、舞弊、说谎、阴谋、背叛等始料未及的负面行为，把实验引向了我起初完全没有预料到的境地。当然，群体之间的竞争也让我疲于奔命，不仅使我的观察视角发生了偏离，更使不偏不倚的客观分析成为一项不可能完成的任务。

我写作本书主要有三个目的。首先，我提供了小规模群体文化起源的第一手资料，即实验项目中的集体叙事过程，这是一个创造性的意义构建过程，包括持续不断的磋商与和解，以及新构建的和业已掌握的符号系统与实践之间的不断同步。

其次，我按照时间先后顺序记录了浪漫主义科学这一教学模式和研究策略的实施过程。第一部分对其进行了较为详细的描述。浪漫主义科学主要强调参与者的切身体验，研究者在探究与他人关系这一新领域时，需将其掌握的“科学知识”与其情感相结合。这里需要注意的是，这些情感并非居于次要地位或者以辅助形式存在，而是我们认知过程及交流过程中的关键因素。

第三，我在书中分享了自己对社会模拟实验的一个新认识——此类实验是社会科学领域教学和研究的有力工具，它不仅能够帮助 44 个人迅速、高效地建立起极富意义的人际关系，还能激发出高校课堂极为罕见的情感投入。模拟实验一旦开始，实验就不再仅仅是一个游戏，而是变得日益真切起来，参与者能够从中得出适用于实验之外的结论并将其应用于真实的日常生活中。

学生们的叙述贯穿整本书，读者可以从中清楚地发现，实验与“真实生活”之间的界限是十分模糊的。我认为，这种模糊性，对于那些想要深入了解高等教育领域学习与发展议题的学者来说，具有非常宝贵的启发意义。

我在本书中使用了英国哲学家约翰·沃特金斯（John W. N. Watkins）在《忏悔有益于思想》一文中所提出的“忏悔方式”，“让读者在自然状态下重新思考自己的想法和观点”，而不是“抛出一系列命题和主张强迫读者接受”。换言之，学生的叙述和我自己的观察都只是在“讲故事”，从而给予读者较大的独立阐释空间。用歌德的话来说就是，允许读者“用自己的方式去发现别人已经发现的一切”。

本书内容共计分成四大部分。第一部分“实验伊始”记录了模拟实验项目的组织工作及前三天的活动内容，在这一阶段，学生将学习掌握各自文化的表达工具和方式。第二部分“嫌隙渐生”按时间先后顺序记录了初始阶段的跨文化活动以及参与者为在文化活动中占据上风而做出的不正当行为。第三部分“自我辩护”主要描写了实验最后几天的内容，参与实验的每组成员都坚信自己具有优越性并对外界的评价充耳不闻。第四部分“无法和解”主要讲述了我们试图将共同经历模拟文化实验的学生们重新团结成一个班集体，但该尝试最终以失败告终。我们本以为实验结束之后会有四个星期的“善后”时间，在此期间，所有参与者可以一起总结、欣赏我们共同努力的成果，但是，我们的调停却造成了不同群体之间的进一步分化。因此，实验活动结束以后，我们至少可以得出两个确切的结论：一是我们的确创建了两个截然不同的文化群体；二是制造文化隔阂相对容易，但消除文化隔阂则是一项十分艰巨的任务。

第一部分

实验伊始

基本原理

本项实验的核心为人与文化之间的共建关系。在日常生活中，我们既是文化世界的组成部分，也是文化世界的创造者。通常情况下，我们是在不知不觉中完成这一过程的。但是，我想用一种有意识的方式来“创建文化”，记录文化的起源并结合理论知识对其创建过程进行多角度、多层次的描述。

幸运的是，我在设计该主题论文研究时恰逢需要为学院规划跨文化交际方面的课程，为了解即将选修跨文化交际课程的学生以前都学过哪些相关的文化课程，我查阅了大量资料。结果发现，他们的知识结构均围绕着“我是文化的产物”这一主题展开，很少提及人类的日常活动是如何“创建文化”的。事实上，文化是双向互动的产物，但我们通常只强调文化对人的影响，而忽视了文化生成过程中每一个人所起到的作用。所以，我决定将选修该课程的本科生作为该研究项目的合作研究者，设计一个能将研究和教学结合起来的研究项目。我希望学生能够认识到，每个人都能通过自己的日常活动成为社会变革的有力推动者。

浪漫主义科学及参与性研究

在教学和研究工作中，我和比较人类认知学实验室的很多同事都遵循浪漫主义科学的相关理念。这一概念最初是由歌德提出的，之后在其他学者和研究人员的补充下得到了进一步的发展。我在教学和研究领域的灵感主要来源于此。歌德提出，在进行科学探究时，应有意识地将科学家的变化发展与我们对科学发现过程的理解相结合。在他看来，科学实验不仅是知识的源泉，还是一种艺术实践，能让我们的“感觉器官”得到不断的发展和完善。

浪漫主义科学的特别之处主要在于其研究方法以及该研究方法所产生的知识或经验类别。它将科学发现定义为人类与自然之间合作的产物，是人类和谐参与自然现象发展的产物，其根本前提是善于思考的观察者与发展中的现象共处并在其发展过程中与之共同发展。与此同时，研究者的感知能力也通过这种同步发展得以塑造和提高。与传统的课堂相比，浪漫主义课堂让学生成为研究者，能让学生获得不一样的学习体验，因为在课业完成之后，学生所拥有的不再是单纯的事实罗列，而是真正的科学知识。

奥地利哲学家鲁道夫·施泰纳（Rudolf Steiner）曾对歌德的科学论著进行过阐释，为当时较为激进的教育形式奠定了理论基础。今天，华德福学校的教育理念就秉承了施泰纳的参与性研究理论，学生可以通过“发现之旅”亲自参与到动态的发展过程中，最终获得相应的认知。在浪漫主义课堂上，学生不再只是对他人提出的科学假设进行评论和学习，而是通过一系列有序的实验将基本的观点变成直观的认识。

研究设计

我的第一项任务就是要创建合适的实验氛围，以便文化在可观察、可监控的情况下产生。整个研究过程为期 10 周，要具备较强的可操作性，并且能让文化尽可能自然地发生和发展。实验氛围应有利于鼓励学生自愿参与有趣的活动并不断提出一定的问题以促进创造性思维，同时应该能够提供足够的空间让这些创造性解决方案得以扎根和发展。据我所知，最能让人们有参与感的活动就是游戏，因为游戏可以让参与者在团体活动中拥有相应的身份和地位，参与者的行为会对结果产生直观的影响。游戏能够将玩家的注意力集中在相关任务或事件上，同时还能提供必要的规则或手段，以保证玩家成功参与游戏。于我而言，游戏更重要的一大优点是，它通常能够激发一系列的对话。社会模拟实验是一种特别的游戏方式，不仅具备游戏的上述特点，还能通过创建有效的合作关系让参与者投入自己的情感并使其相信自己在故事发展过程中起着重要的作用。

我所设计的模拟游戏应该可以让我们保留“现实”文化工作中的很多因素，尤其是参与者之间自发的互动、无法预测的反应、文化产物及参与者之间关系的出现和演化等因素。与此同时，我希望我所设计的模拟游戏的各项参数和因素都是可控的，能够产生某些特定的文化现象供我观察，也能让我在必要的时候对游戏的发展方向进行适当的干预。文化是非常复杂和棘手的，必须选择合适的游戏才能实现一定程度的结构性、简单性和明确性，否则结果只能是模糊一团。

最后，我选择了加利·舍茨（Garry Shirts）设计的“巴法巴法”文化模拟游戏。过去三十多年来，该游戏作为提高人们跨文化交流敏感性的有效工具，在跨文化领域得以广泛运用，其理论基础是为参与者创造安全可控的环境供其体验文化跨界，让参与者对其感受进行思考和分析。该模拟实验能够有效规避跨文化体验在现实生活中有可能遇到的偏见及限制等问题。

“巴法巴法”实验最初的设计方案是将参与者分成两组，每组用大约一个小时的时间来学习一整套不同的文化规范，然后两组成员进行短期交换，学习对方的文化。双方互换期间，要在不直接提问的前提下尽可能多地了解对方的价值观和习俗——这类似于我们去外国旅行时学习该国文化与风俗的实际情况。该实验中的两种文化大相径庭：阿尔法文化注重社区精神和分享，而贝塔文化则更加关注个人成就。因此，当小组成员对调时，巨大的文化差异会让他们对彼此产生很多误解。模拟游戏过程中，每个小组对对方都会有一些猜想，当两组成员聚在一起讨论其各自的体验时，这些猜想将会得以验证。虽然该游戏模式最初的设定是作为体验式教学的辅助工具而不是研究工具，但我还是从中看到了可以发展成小规模群体文化的“种子”（一些简单的规则和创造物）。

该游戏的标准评估形式是对态度的转变进行回顾性阐释。“巴法巴法”游戏中，小组凝聚及态度转变的速度均十分惊人，但问题是游戏持续的时间太过短暂。当然，对于人员培训来说，该游戏具有非常高的效率。但对于研究来说，时间过短会极大地妨碍文化的形成与发展。要想解决文化的形成、延续和变化等相关问题，就必须延长“巴法巴法”游戏的持续时间。大学课程的强度为每周两次，可以保证学生有时间对其文化体验进行思考，在下一次上课之前能够充分思考前一次课上出现的问题并提出相应的解决方案。我打算放慢模拟游戏的进展速度，让两种不同的文化在一个学季的时间里逐渐演化和发展，使参与者对文化过程有一个更加深入而细致的了解。

“巴法巴法”的游戏规则简单易学，为期半天的培训研讨会足以解决有可能出现的各种问题。但如果将社交互动的时间延长至 10 个星期，这些规则就远远不够用了，而这正是我所需要的，因为这种不足正好可以让我随着流程的逐渐展开对其进行必要的修改与添加，从而方便我们观察创造物的演化、社会规范形成的过程以及环境的变化。

此外，延长版的“巴法巴法”游戏也使研究结构和研究内容变得更加丰富。随着模拟游戏的逐步展开及各种不同情况和问题的产生，我和学生可以进一步阅读和讨论相关的社会理论并运用这些理论来评测我们即时获得的游戏体验并帮助我们进行相应的分析。同时，延长后的游戏可以保证学生有足够的时间充分思考并详细记录他们每周的体验。学生们每周的现场记录和反思报告等记录文件构成了我的核心研究数据。

学生记录者

基于之前我对本科生的了解，我知道，要求他们以书面形式详细描述自己的体验，尤其是要求他们记录自己当时的所思、所想和所感，将非常有助于他们定义并评估自己在社交互动过程中所扮演的角色及所起到的作用，同时也能让他们更好地理解其参与对小组关系发展的影响。从这个角度来看，学生的现场记录是思考和反思的有效工具，因为这些文字不仅描述了记录者每天的体验、认识或感想，而且能够帮助学生将这些知识综合整理成连贯的叙事。我希望学生能够通过现场记录对模拟游戏的内容进行更加深入的思考，将课堂里发生的事件与现实生活中的体验结合起来，用记笔记和写报告这种参与方式对其所思、所想和所感进行更加深入而细致的挖掘与阐释。

文化叙事理论

受美国教育心理学家、认知心理学家杰罗姆·布鲁纳（Jerome Bruner）、美国语言人类学家埃莉诺·奥克斯（Elinor Ochs），以及社会文化人类学家詹姆斯·韦尔奇（James Wertsch）等学者的启发，我认为文化起源可以被视为一个多元叙事过程。叙事理论与本项研究的基本论点具有高度的统一性；文化具有双向性，我们既是文化的创造者，也是文化的产物。我们记录的个人故事构成了社会叙事的一部分，反过来，社会叙事对我们能够书写出来的个人故事也有着深远的影响。

布鲁纳认为，叙事是人类生活的一部分，与人类生活息息相关，它能帮助人类将单纯的实体存在转化成人类的切身体验。当我们讲述自己的个人故事时，我们的行为即与他人的行为产生联系并因此而变得有意义。此外，故事能够解决问题。布鲁纳在《故事的形成：法律、文学、生活》一书中写道："叙事是教化人类错误与探索意料之外事情的途径，能够将人生厄运的共同形式常规化为各种类型——喜剧、悲剧、浪漫剧、讽刺剧，或者其他任何可以减少意外发生的形式。"叙事之所以能具备这些令人称奇的功能，不仅归功于其结构性质，还归功于其灵活性或延展性。故事是语言的产物，其最大特点就是可生成性。因此，同一事件可以有无数个叙述版本，每一个版本都具有独特性和个人性，同时又具备巨大的延展性。从某种意义上来讲，叙事能赋予我们生命，因为我们能够通过叙事在彼此身上看见自己、感受自己。

我们围绕新事件展开的日常对话和与他人一起创造的叙事不同于我们向别人讲述的故事，因为前者并未完全按照标准化的叙事结构来进行组织。生活并不是按照完好的情节展开的，不一定会有确切的开始、明确的中心人物及干净利索的结尾，也不一定会有将全部逻辑线索收入其中的完整叙事结构。而合作叙事过程提供了一个创作空间，聚焦于生命的某些特定时刻。参与对话的人既是讲述者又是倾听者，他们可以在这两个身份之间自由切换，做出评论，提出意见，进而决定故事发展的走向及内容。叙事者和倾听者通过叙述、阐释、回应及澄清等行为成为叙事的共同创作者，这种即时反馈的、经过个性化组织的、自然发生的叙事即被称之为文化。

詹姆斯·韦尔奇在《国家叙事与集体记忆的保守特质》一文中指出，我们会在社会中构建并积极维护“图式叙事模板”，这些模板帮助我们在既相对稳定又处于不断变化的文化体系内处理生活中的各种矛盾，这些模板对我们创造出来的叙事发挥着强有力的组织作用，将我们的注意力引向与其结构相契合的信息，同时将那些与之前的设想不一致的信息排斥在外，从而使我们更容易接受某些结论。这些模板属于历经一段时间形成并发展起来的特定叙事传统，是特定群体、特定时间及特定空间内发生的历史事件的结果。

叙事及身份构建

本项研究要解决的一个问题就是我们如何认定自己作为群体成员的身份。法国哲学家保罗·利科（Paul Ricoeur）、美国心理学家格根夫妇（科尼斯·格根和玛丽·格根）及布鲁纳等学者均认为，身份的构建在很大程度上是通过叙事完成的，他们甚至大胆地假定“本我”是不存在的，认为我们都是在用未明说的默认文化模式讲述着自己的故事，告诉别人我们是谁、发生过什么事，以及我们为什么要这么做。当我们不断地改写我们的自我叙事以期适应新的环境时，自我叙事本身也会随着时间不断累积并按照传统体裁和风格进行自我重塑。布鲁纳在《故事的形成：法律、文学、生活》一书中这样写道：

> 自我叙事是一种追求平衡的行为。一方面，它必须具有强大的自主信念，相信叙事者拥有独立的意志、拥有选择的自由、拥有某种程度的可能性。但另一方面，它又必须与他者的世界相关联，他者包括亲朋好友、习俗、过去及任何相关群体。显然，自我与他者之间这种潜在的关联会限制我们的自主性，然而，这两个因素对我们的生活而言缺一不可，所以，我们只能尽量平衡二者之间的关系。我们讲述自己的叙事也是如此。

利科在《记述的同一性》一文中指出，我们通过叙事构建来重新阐释自己在特定社会、文化及历史背景下的身份。叙事通过同步意识形态与权力关系，定义特定文化语境下可能实现的身份。我们通过叙事找到自己的声音和意愿，通过一生中不断展开的叙事书写自己的角色，这是身份构建及维护过程中的中心环节，使我们得以塑造自己的身份及自我表达方式。

叙事掌控生活的时间维度

我们通过叙事来定位自己的生活，记录我们所处世界的过去、现在和将来。布鲁纳在《故事的形成：法律、文学、生活》中这样写道："除了叙事这种形式之外，我们似乎没有其他途径可以描述自己的'生活时间'。这并不是说没有其他方式可以被用来描述时间体验，只是不管是钟表或日历这些时间形式，还是连续性或周期性的顺序，都无法抓住生活时间的本质。"

我们在讲述自己故事的时候，不但是在叙述我们生活中的重要事件，还是在为这些事件赋予特定的意义，将过去（以历史文化记忆及规范的形式）和未来（我们认为存在可能性的事情）纳入我们对当前事件的理解中，指导我们做出现在的决定。社会科学领域的专家们将这一过程称为"预叙"，即将未来引入现在的一种文化机制。我们以历史为背景对未来进行预测并以此为依据来制定当下的行动计划。布鲁纳认为，叙事永远都在"现在"，永远处于中心位置，是熟悉的过去与可能的未来之间的对话。

奥克斯和丽莎·凯普斯（Lisa Capps）于 2001 年合作出版了《生活叙事：将日常生活当故事来讲》一书，他们认为，我们的叙事冲动来自两种因素：一是我们渴望创造出无懈可击的故事情节，二是我们渴望抓住自己人生的意义与复杂性。在多元叙事环境下，我们的叙事不仅要面对这两种因素之间的张力，还要应对不同的叙事者，因而会不断地被审查、被挑剔，并且会通过持续的磋商和妥协达到令人满意的共识。现在变成了过去，而过去又被用来预测未来。就这样，一条清晰的发展路线从多种可能性中脱颖而出。正像加里·索尔·莫森（Gary Soul Morson）在《叙事与自由：时间的阴影》一书中所指出的那样：“曾经可见的选项从视线里消失了，过去偷偷地影响着我们的认识。”

多层次叙事

个人及合作叙事的构建是在多个层次上进行的，既可以是以家庭为单位进行的小规模群体互动，也可以是全国范围内的叙事交流。奥克斯和凯普斯曾经探讨过小规模群体构建共享意义体系的交际手段，他们认为，“日常对话实现了叙事的一个基本功能，即提供一个口头表达的互动平台，用于命令、解释或者表达体验。人们通过叙事来认识自己的生活并通过合作叙事来创建社区；反过来说，对事件的协同探究和改写推动、塑造了叙事并让叙事得以延续。”

哈佛英美语言文学教授霍米·巴巴（Homi K Bhabha）在其著作《文化的定位》中指出，能够将个体塑造成文化人并能够将民族凝聚成一个整体的叙事策略应该受到高度重视。他认为，人们应该关注文化在当下的表现。这些表现是在文化浪潮的冲击下产生的，同样也应该在文化浪潮的背景下加以阐释。他在书中表示：“必须不停地把日常生活中的碎屑和片段变成连贯的民族文化表征，将叙事行为本身融入民族议题。”

巴巴认为，“施为性”与“说教性”之间是相辅相成、相互成就的关系，这与克利福德·格尔茨（Clifford Geertz）的观点倒是一脉相承。格尔茨在其论文《深描说：迈向文化的解释理论》

中曾以爪哇岛的村庄生活为例，详细描述了当地土著的自然观。他们认为，自然具有极大的规律性，威力巨大但同时又无比危险，而这种自然观对当地的文化潮流及居民的道德观和审美观都有着深远的影响。在这种文化的影响下，当地居民会非常自然地做出像沉稳冷静、不屈不挠、小心警惕之类的“正确的行为”。从这个意义上来说，我们可以将文化看作一个史诗故事，它保留了强调并支持现有叙事流程的社会规范，而现有的叙事过程反过来又通过对日常事件的描述重新塑造了这些社会规范。

在实践中，经验通常缺乏意义，而叙事的作用就是寻求意义。叙事兼具共享性和个人性，它并不是简单地按照时间先后顺序罗列事件，而是在一种情感和道德框架中叙述行为者的行为，进而帮我们了解事件背后大的社会背景。如果脱离了能够评估行为者言行正当性的文化体系，任何叙事均无法被理解。用格根夫妇的话来说，“所有出现在成功叙事中的事件均在本质上与包容其存在的特定评估空间密切相关，这就构成了叙事的连贯性。”

就像布鲁纳在《故事的形成：法律、文学、生活》一书中所写的那样：“亚里士多德认为，是艺术模仿了生活；而王尔德则认为，是生活模仿了艺术。所谓的生活和叙事之间的模仿实际上是双向的，也就是说，叙事模仿了生活，而生活也模仿了叙事。从这个意义上来讲，‘生活’就像‘叙事’一样构建了人的想象。”

用中期形成策略进行记录与分析

本项目的参与型浪漫主义科学研究规划运用了中期形成策略进行记录与分析，目的是让研究人员能够在一项活动的发展过程中找到不断变化的影响因素。实际上，这种方法论让我们得以从前后两端观察整个过程，可以从设计方案开始，按照事件发生的先后顺序记录我和学生对事件的阐释。这些阐释均建立在书写记录时可获得的信息基础之上，因此，其内容和叙事框架均有所不同。向读者揭示最终结果的时候会有“最终分析”，其叙事包括叙事间隔以及所有相关方的声音。

关于本项目的一些命名事宜

我希望尽可能忠实地再现参与者的观点与看法，因此，我会经常大量引用学生及另一位项目联络人瑞秋·科迪－菲斯特所撰写的现场记录和反思报告，以期最大限度地还原本研究项目的全过程。为方便读者阅读，我将“阿尔法文化”和“贝塔文化”这两个词汇更换成两组学生自己选定的名称，即“石头汤”和“公平贸易联盟”，每组学生的名称也相应地更改为“石头人”和“商人”。

4 月 1 日：实验伊始——纵然困惑不解但却心甘情愿

学季开始的第一天，40 名学生按时来到教室，他们选修的课程为“跨文化交际”，该课程在交流与传播系的选课表上标记为高年级选修课，并未以任何形式将其与其他课程进行区分。选修本课程的学生中，女生的数量略多于男生，与我们学校学生的性别比例大致相符。这批学生中有两名为非裔美国人、三名自述为拉丁裔，其余学生一半为英裔一半为亚裔。上课以后，我们告诉学生他们将参与到一个多层次的互动实验项目中，他们在课堂上的活动将成为我们研究的课题，他们自己也将担任研究人员的角色，而且要在自己创造的模拟文化框架内做现场记录。此外我们还告诉学生，该项目在时间上分为两大部分，第一部分获得的经验和体验将成为第二部分理论工作的基础。虽然有些课堂活动看上去会很奇怪甚至很愚蠢，一时无法判断出其真正意义和价值，但我们还是希望他们暂时放下心中的困惑和疑虑，全身心地投入到这个实验项目中。

我们向学生简要地介绍了撰写现场记录的要求以及将这些记录提交至线上数据库的具体操作方法，然后要求学生通过抽签来进行分组。我们将事先准备好的纸条放在帽子里，纸条上写着："祝贺你加入文化模拟实验项目的阿尔法（或贝塔）小组。请于四月三日星期四上午8:00到媒体中心及交流传播大楼103室（或201室）报到。"我们要求两个小组的成员之间尽量不要互相沟通和交往，然后便宣布下课了。

大多数学生并没有立刻起身离开教室。几分钟后，仍有超过半数的学生坐在自己的座位上，用充满期待的眼神看着我们，仿佛坚信我们还会再多说点什么似的。课后，学生就第一节课的项目简介提交了第一份现场记录，他们在记录中表达了自己的困惑，认为自己获取的信息量太少，以至于根本不知道自己接下来该做什么，甚至因为太过困惑，所以一时间根本就问不出什么问题来。不过，第一节课后，并没有学生提出退课申请，这倒是令我们很吃惊。可以确定的是，我们已经成功地激起了他们的好奇心。

下面是第一节课后的三份现场记录：

不得不承认，我对扮幼稚和玩游戏是有一点担心的，尤其是在一群我不熟悉的同学面前做这种事情，那似乎会显得有些奇怪。我不知道这些简单的儿童游戏怎么能产生革命性的数据或结果，不过我还是愿意遵守游戏规则，为项目结果尽一己之力。我很好奇，很想看到实验后的数据，很想知道这个项目到底是在研究哪些我现在一无所知的文化差异和特征。（萨姆）

当初选修这门课的时候，我并没有想到会是这个样子。这门课叫“跨文化交际”，我原以为它的主要内容会是研究不同的人群并比较不同文化背景的人之间的互动、交流和融合方式，所以感觉应该会很有趣。结果这门课研究的对象竟然是我们自己！这完全出乎我意料！我很兴奋，但也有些怀疑，因为我不知道这到底能不能行。（贝莉）

这门课实在是太让我吃惊了！我本以为它会跟其他课程一样，拥有传统的学习环境、书本是主要的学习资料。没想到我会有机会亲自参与研究项目，不仅能得到浸入式学习体验，还能成为我们研究的文化本身……我非常期待这种非传统的全新的教学方式，但同时也心怀疑虑，不知道这会和我过去14年来接受的传统教育方式有多大的不同。（丹尼斯）

4月3日：文化的起源

英国心理学家弗雷德里克·巴特莱特（Frederic Bartlett）首次运用多元叙事这一研究工具来帮助我们更加深入地了解文化产物。他观察一个故事从一个叙事者到另一个叙事者的口头传递过程，据此探究叙事构建的本质。他认为，获得社会性叙事构建的基础通常都是最初的情感体验，这种最初的感受所带来的态度或者看法是很难消除的。此外他认为，故事从一开始就带有“态度的基调”这一标签，也就是他所谓的“情感界定”。在故事从一个人到另外一个人的传递过程中，巴特莱特发现，这种最初形成的态度为第一次再现叙事设定了基调并在该叙事之后的传播过程中一直得以保持。他还发现，故事最初的细节会被不断加强并（或）编辑，从而更加符合故事讲述者心目中的合理形式。一般来说，对叙事进行改编或是为了创建事件之间的逻辑或时间联结，或是为了让原有的逻辑和时间纽带变得更加明显，其最终目的永远都是让“特定社会群体的所有普通成员都能够做到最大限度的接受和最低限度的质疑”。他通过预测故事内容的发展变化证明了社会框架在社会叙事的创建、习得和记忆过程中所起到的作用。

巴特莱特强调所有叙事的历史性。他认为，每一个故事都建立在之前听说过或者经历过的叙事基础之上；更为重要的是，每一个故事都深受之前叙事时所持的态度或情感状态的影响。他提出，我们可以用文化习得图式来解释群体是如何作为一个综合体系进行运转的，尤其是如何做到迅速有效地沟通、交流并传递细节丰富、含义微妙及情感丰富的信息的。鲁默哈特（D. E.Rumelhart）等学者在《图式的平行分布模式及顺序思维过程》一文中指出，叙事图式是一种多维网络，其中包括从日常体验的各个层次中收集到的知识，涵盖有关因果关系和时空关系的信息，将所有的态度、行为以及意图加以整合，其构建过程并不一定是有意识的。从某种意义上说，它已经成为我们的第二天性，或者用巴特莱特的话来说，它是在“不思考、不分析、不知情”的情境下发生的。我们在这些叙事图式中出生、学习和发展，因而对其存在或影响均毫无察觉。

巴特莱特认为，叙事的记忆源自情感表达，如喜悦、厌恶、诧异、恐惧及愤怒，等等。情感的作用等同于开关或钥匙，能够即时开启各种内容丰富的叙事图式。鉴于此，我决定为实验项目中的两种文化提供不同的背景，旨在激发情绪或营造情感氛围，尽量使这两种文化叙事朝不同的方向发展。

在教室里发明历史：为文化叙事植入图式

我认为，文化起源是一个多元叙事过程。鉴于文化叙事具有明确的历史性，我必须提供某种类型的历史基础才能让每一种文化的叙事得到发展。在我们的实验项目中，实验目标是要让两组人按照两条不同的道路发展，所以，提供两种不同的历史是非常有必要的。我为两种文化选择了不同的历史传说，选择标准与“巴法巴法”游戏中所列的文化规范保持一致。对倡导集体主义的阿尔法文化来说，“石头汤”这一民间故事的主题堪称与之完美契合，相比之下，为强调个人主义的贝塔文化寻找一个合适的背景故事要难得多。最后，我决定改写一下《圣经》中《马太福音》第25章有关才干的寓言故事。[1]我希望这

1 所以，你们要警醒，因为那日子、那时辰，你们不知道。天国又好比一个人要往外国去，就叫了仆人来，把他的家业交给他们，按着各人的才干，给他们银子，一个给了五千，一个给了二千，一个给了一千，就往外国去了。那领五千的随即拿去做买卖，另外赚了五千；那领二千的也照样另赚了二千；但那领一千的去掘开地，把主人的银子埋藏了。过了许久，那些仆人的主人来了，和他们算账。那领五千银子的又带着那另外的五千来，说：“主啊，你交给我五千银子，请看，我又赚了五千。”主人说：“好！你这又良善又忠心的仆人，你在不多的事上有忠心，我要把许多事派你管理；可以进来享受你主人的快乐。”那领二千的也来，说：“主啊，你交给我二千银子，请看，我又赚了二千。”主人说：“好！你这又良善又忠心的仆人，你在不多的事上有忠心，我要把许多事派你管理；可以进来享受你主人的快乐。”那领一千的也来，说：“主啊，我知道你是忍心的人，没有种的地方要收割，没有散的地方要聚敛，我就害怕，去把你的一千银子埋藏在地里。请看，你的原银子在这里。”主人回答说：“你这又恶又懒的仆人！你既知道我没有种的地方要收割，没有散的地方要聚敛，就当把我的银子放给兑换银钱的人，到我来的时候，可以连本带利收回。夺过他这一千来，给那有一万的！因为凡有的，还要加给他，叫他有余；没有的，连他所有的也要夺过来。把这无用的仆人丢在外面黑暗里，在那里必要哀哭切齿了。”（《马太福音》第25章13-30）

两个故事能够构成不同的文化参考框架，帮助学生处理模拟实验中将会遇到的任务和情况。

第二节课，两个小组分别在不同的教室集合，两个教室位于同一幢楼的上下两个不同楼层，教室中等大小，事先被布置成会议室的风格。两间教室对面均为连接上下两层楼的楼梯。阿尔法小组在楼上的教室，热情的“瑞秋妈妈”准备了葡萄干吐司面包和苹果汁欢迎他们。教室里的桌椅经过重新布置，创造出一种舒适随意的家居环境，背景音乐是20世纪60年代美国迷幻摇滚乐队海滩男孩的著名单曲《美妙共振》。瑞秋在教室里来回穿行，询问学生是否要在烤面包片上涂点黄油或者再来一杯果汁，鼓励大家多沟通、多交流、多了解。

贝塔小组在楼下的教室，他们将参加由“银行经理”威尔逊太太主持的“商务会议”。进入教室后，他们得到了专业化的礼貌对待，每个人都拿到了自己的姓名牌，然后在一张很大的会议桌前就座。旁边的柜台上放着饮用水、咖啡、甜甜圈，供学生自取。学生要自行拿到自己想要的东西、自己找到座位，然后坐下来静静地等待会议开始。

一切就绪之后，我们便可以开始向学生介绍其小组的“历史”或“背景故事”了，这将成为他们文化叙事的基础。我希望我所挑选的这两个经典故事能够阐释出两种不同的价值观，能够成为这两个发展中的文化小组的伦理道德基石。虽然我希望这两个故事能够成功种下历史的种子，但我并不希望它们过度限制小组叙事的发展轨迹。因此，我将这两个故事缩减到一页 A4 纸（两倍行距）的篇幅，而且学生在本节课上只能听或读一遍。

阿尔法小组的成员们吃饱喝足并互相寒暄完以后，瑞秋要求他们围坐成一个圈，听她读下面这个改写后的寓言故事。

石头汤

很久很久以前，有位老先生来到了阿尔法这片土地上。当他走进一个小村庄时，看到他的村民们都跑回家紧闭门窗。老先生笑着问道："你们为什么害怕呢？我是个过路人，只不过想在你们这里吃顿热乎的饭菜，晚上找个安全的地方睡个好觉。"

村民们对他说："我们这里一口吃的都没有。饥饿能让最诚实的人变成盗贼，你还是赶紧走吧。"

"哦，没关系的。"老先生对他们说，"其实我本来是想煮一锅汤跟你们分享的。"

只见他从自己的斗篷里掏出一口大锅，盛满水以后架在火上，然后庄严而隆重地表演了一套烦琐复杂的仪式，最后从随身携带的一个丝袋里掏出一块普普通通的石头扔进了锅里。听说有汤喝，一些村民从屋里走出来，围在老先生和汤锅周围，还有些村民站在自家窗前向外张望。老先生凑到锅前深吸一口气，闻了闻"汤"的"香味"，然后舔了一下自己的嘴唇。村民们心中的恐惧开始消散，在场的每一个人都饥肠辘辘。这时，只听老先生大声地自言自语道："啊，这石头汤简直太香了，要是能再加点卷心菜就更美味了。"

很快，一个小孩拿着一棵小卷心菜怯生生地走了过来，他看了看老先生，然后把手里的卷心菜扔进了汤锅里。"太好了！"老先生大声说道，"你知道吗，有一次我喝的汤里有卷心菜，还有一点点咸牛肉，啧啧啧，那味道就连皇帝都要伸大拇指！"于是，村里卖肉的屠户默默地从家里拿来了咸牛肉……就这样，汤锅里的材料慢慢多了起来：土豆、洋葱、胡萝卜、蘑菇……最后，一大锅美味的汤终于熬好了，足够全村人美美地饱餐一顿。

第二天早晨，老先生收拾好自己的东西准备离开村庄继续赶路。村中的长老们拦住了他，希望他能留下来，而且在村里住多久都行，条件是把那块具有魔力的石头送给他们。老先生哈哈大笑起来："你们真的不明白吗？我只是一个身无分文的老头子，从河里随便捡了一块石头。有魔力的不是这块石头，而是你们。"

当阿尔法小组在聆听这个石头汤的故事时，楼下的贝塔小组拿到了打印出来的日程安排。他们的第一项任务就是阅读印在日程背面的文章——《贝塔文化的几个重大历史事件》。这篇文章强调诚实、负责、公平竞争以及个人成就，这些都将成为贝塔小组金融贸易体系的原则与信条。读完以后，主持人询问贝塔小组的成员们是否有疑问，结果并没有人提问。于是，我们按照日程规定进入到下一个议题。

贝塔文化的几个重大历史事件

“贝塔贸易文化”这一名称源自百年前的一个重大事件。当时的社区领导人是一位办事效率极高并广受尊敬的商人，但是，他年事已高，身体也越来越虚弱。因为无法决定到底由谁来接替他成为下一任领导人，所以他决定选出三位最具潜质的候选人，让他们接受一项特殊的考验。

每一位候选人都领到一笔等额的资金，他们要在一年的时间内为社区谋取最大的福利。第一位候选人了解到，民众近来对镇银行的破败深感不安，于是，他投入了手中的全部资金，重新建造了一座漂亮的银行大楼。他相信，这座现代化的大楼一定能够将流失的投资人及其资金全都吸引回来。

第二位候选人因为掌握了这么一大笔社区公款而深感责任重大，于是，他将钱分成小份，然后缝在一件特制的衣服里，每天贴身穿着衣服，就连晚上睡觉也不肯脱下来。

第三位候选人名叫贝塔，她请领导人暂时代她保管资金，自己每天早早起床，然后步行前往集市，勤奋、耐心地学习晦涩难懂的商业语言和复杂的贸易规则。一切准备就绪之后，她取出了自己的那份资金。最后，她通过积极谨慎的交易活动获得了可观的收益。

一年期满以后，老领导人召回三名候选人，要求他们讲述一下自己是如何使用资金的。听完了三位候选人的故事后，他判定贝塔为社区做出的贡献最大，因此任命她为下一任领导人。在之后的岁月里，贝塔成为整个金融社区繁荣昌盛的基石，她的印章出现在贝塔货币和交易卡上并被沿用至今，她身上所蕴含的职业道德和创业精神直到今天还深深影响着我们每一个人。

为了保证所有学生都能理解这两则寓言故事，同时也为了让学生从一开始就将模拟事件与其生活叙事相结合，我们留的课后作业就是要求他们写一篇作文，篇幅不超过一页纸，讲述他们如何看待自己所在小组（阿尔法或贝塔）的“精神”，其内容既可以是真实的事件，也可以是虚构的故事。

在阿尔法小组里，超过三分之二的学生在作业中讲述了人们如何通过团结合作完成了某项个人无法独立完成的任务。阿尔法成员薇薇安讲述了一个真实的故事，详细描述了她的母亲雨夜驾车，后来汽车因故障抛锚以后得到了很多热心市民的帮助。阅读以下引文的时候请留意，薇薇安在文末明确地将石头汤这一寓言故事、她的童年记忆，以及她的个人发展联系在一起。

六岁时的一天晚上，母亲开车载我、三个弟弟和我们的祖母回家，祖母坐在副驾驶位置，我和弟弟们坐在后排座位上。车开到一半突然抛锚了，当时，外面正下着瓢泼大雨，想找人帮忙的话至少要步行五公里远。我的三个弟弟中有两个是双胞胎，当时都很小，需要人抱。而祖母当时走路已经非常困难，而且只会说西班牙语，不会说英语。那个时候还没有手机，不过就算有的话，我估计母亲也不知道该打给谁，因为我们几个月前刚搬到圣地亚哥，还没来得及认识那里的人。母亲不能把我们留在车里，但是如果一起下车走回家的话，漆黑的夜晚又下着大雨，她担心没有办法保证大家的安全。这时，有位开红色皮卡车的先生停下车来问我们是否需要帮助。母亲有点害怕，所以谎称一切都好。于是，他回到车上开车走了。母亲哭了起来，我这才开始感到害怕。我们又在车里坐了一会儿，三个弟弟一直在哭，祖母在祷告。最后，母亲终于下定了决心，让大家全都下车，一起步行回家。但是，我们还没走出多远，刚才那位开红色皮卡车的先生又回来了，把车停在我们身后。

这次，他不是一个人来的，他的妻子也开着车跟他一起来了。他肯定是猜到我们遇到了状况，也知道我母亲为什么会感到害怕，所以，他回去叫来了他的妻子，这样就可以让我母亲放心。刚开始，他们打算让我们去他们家，但我们人太多，他妻子的小车装不下我们所有人，而母亲又坚决不同意我们分坐两辆车。于是，那位先生让我们先回自己车上等着，自己又开车走了。不一会儿，他带着一辆小货车回来了，开货车的是他的邻居。他的儿子也跟着一起来了（我记得他儿子好像比较懂汽车），他们还带了一桶汽油。可是，我们的汽车加满油以后仍然发动不起来。当时已经很晚了，我们全都又累又饿。最终，我母亲很不情愿地让卡车司机的妻子和他的邻居带我们去附近的温迪快餐店吃饭，她自己一个人留了下来。邻居太太会说一点西班牙语，可以和奶奶进行简单的交流。我们还没吃完饭，那位好心的先生和他的儿子也来到快餐店，应该是弄明白了我们的车到底出了什么问题。其实，那天晚上的事我已经记不太清了，但我母亲会时不时地提到那些事情，所以，我也不知道这些细节到底是我自己记住的还是听母亲说起的。昨天听了石头汤的故事以后，我开始思考小时候经历过的这件事。我发现，那天晚上发生的事情非常复杂，仅靠一个人的力量是无法解决的，只有当每个人都出一份力的时候，问题才能得到解决。故事里那位拿石头的老先生就像是开红色皮卡车的那位先生，他叫来了很多人一起帮助我们。我永远都不会忘记那天晚上的事情，所以现在只要看到有人需要帮助，即使现场已经有人在帮忙，我也会

毫不犹豫地伸出援手。因为生活就是这样，有的时候需要所有人齐心协力。（薇薇安，石头汤，4月3日）

而贝塔组成员提交的20份作业中，有16份描述了个人是如何战胜困难最后取得成功的。同样，布鲁诺讲述的也是一个真实的家庭故事，但是，他将曾祖父的成功归功于他身上“坚持不懈”的品质，而这正是贝塔文化所倡导的优良品质。

我想讲述一个关于我曾祖父的故事。曾祖父的家乡是韩国港口城市——木浦市，他年轻的时候拥有一家盐业公司，自产自销，顾客全都是木浦市当地人。有一天，他准备赌一把，带领手下的工人将一批盐装上船运到韩国较大的贸易港口城市——仁川，那里是盐的集散地，大盐商在这里收购盐，然后直接发往韩国的首都——首尔。船抵达仁川的时候天色已晚，其他人都已经把船上的盐卸下来卖给了盐商，只有曾祖父的盐还在船上，因为工人拒绝卸货，说港口有条大蛇，每次他们想要卸货的时候这条蛇都会攻击他们，吓得他们全都不敢下船。祸不单行，后来，天又开始下雨。曾祖父不想就这样回木浦，于是一直没有合眼，在风雨中日夜保护着自己的货物。他下定决心要在仁川把盐卖出去。结果，那场雨连下了三天三夜，码头上只剩下曾祖父的一条船，而那条大蛇还在码头上蜿蜒滑行。一直等到第四天，天空终于放晴了，工人们发现那条蛇还在原地，但却一动都不动。于是，他们壮着胆子走上前去查看，却发现那根本就不是什么大蛇，而是一条很粗的绳子。工人们简直不敢相信自己的眼睛。塞翁失马焉知非福，三天的大雨使得之前卸下来的盐全都泡了汤，只有曾祖父的盐在船上被保护得很好，结果，当天码头上的盐价直线飙升，几乎达到了平时价格的四倍。多亏了那条“蛇”和那场大雨，再加上曾祖父的坚持不懈，他赚了一大笔钱。（布鲁诺，公平贸易联盟，4 月 3 日）

以上两段引文表明，学生们已经理解了其所在组别文化故事的内涵，并且能够将其中所蕴含的道理与其现实生活中的具体事件联系到一起。我希望最初的两则寓言故事能够成为“种子故事”，两个小组的学生可以在此基础上对其加以润色，进而推动文化萌芽的产生。

下一项任务就是为每一种文化注入少许内部文化信息，不需要太多，一点点就行。目的是引入一些独特的互动方式，让每个小组内部成员都能够轻松掌握，但外人却又很难破解和复制。一种文化（阿尔法）要求其成员在互动中严格遵守刻板规则，“工作”（纸牌游戏）简单但强调合作；另一种文化（贝塔）则鼓励其成员按照自己的方式进行社会互动，其工作（纸牌游戏）较为复杂且具有竞争性。描述及指令要尽可能少一些，以便为差异化阐释以及随项目进展而逐渐演化的规则和行为规范提供足够的空间。

“耶！我们都是石头人！”

阿尔法小组成员在第一天的时候就得知这是一个充满仁义的母系氏族社会，这里的关键词是温暖、关爱和宽容。我们鼓励他们走近彼此，保持身体接触，真诚地关心彼此的状况，在任何情况下都不要不耐烦、不友善、愤怒或太具攻击性。阿尔法的礼仪规范要求其成员们见面之后亲切友好地打招呼，然后立即关切地询问对方其祖父母或其他长辈的健康状况并围绕他们的成就、人生智慧等议题展开详细的讨论；还要求其成员们在交谈中集中全部注意力、有礼貌地倾听和对话，如果有新的成员想要加入正在进行的谈话中，则首先应该安静地倾听，了解他人正在讨论的议题，然后等待他人发出邀请，之后方可开始发言。

上课期间，瑞秋不动声色地将一只手放到一位女生的肩膀上，宣布这位女生就是阿尔法小组的族长，并且解释说女族长在母系氏族社会拥有至高无上的权力，这种至高无上的权力适用于一切事务及所有情况。瑞秋告诉大家无须恐慌，因为阿尔法的女族长永远不会滥用特权，她会和大家一起参加各项活动，氏族公社的利益永远高于她自己的利益。接着，瑞秋让小组成员就新任族长的称呼问题展开讨论。因为她的名字叫切尔西，又是母系氏族社会的首领，因此，大家决定叫她“西妈”。下一个任务就是西妈为自己的氏族公社命名。西妈显然还没有从突然被委以重任的震惊中恢复过来，稍微定了定神以后，她组织小组成员简单地商量了一下，然后宣布氏族公社的名字沿用“石头汤”这一寓言故事，就叫“石头汤”。之后没过多久，有个学生机智地欢呼道：“耶！我们都是石头人！”从那时开始，阿尔法小组的成员们就骄傲地称呼自己为“石头人”。

20 名氏族成员被分成了四个家族，他们用了几分钟的时间彼此认识了一下，并且经过讨论确定了自己家族的名称和徽章。其中一个家族因为有三名成员与加拿大有联系，所以将自己的家族命名为“枫叶”，族徽是一片枫叶。另一个家族将“石头汤”理念阐释为“嬉皮士风格”，因此将家族命名为“爱”，族徽为和平标志（反核战标志）。“太阳”家族的族徽是太阳，“纽带”家族经过一番讨论，最后将彩虹定为他们的族徽。

在“了解你”这一限定时间的活动中，虽然没有收到进一步的指示，但四个“石头汤”家族的成员们全都保持较为亲密的状态，彼此之间经常有身体接触，围绕着各自的祖母进行了热烈的讨论和信息交流（有些是真实的，有些是杜撰的）。

族宝

在各家族的成员彼此了解、相互认识的时候，瑞秋会任意指定一名成员担任其所在家族的“族宝”并为其戴上用闪亮的红色珠子串成的长项链以示区别。每个家族只有一名族宝，其他成员应小心保护族宝。不同家族的族宝之间可以自由交谈，但族宝不得接近其他家族中的非族宝成员。如果非族宝成员想要和其他家族的族宝互动，则应先询问该家族的普通成员时机是否合适。实际上，这种询问只不过是一种形式，因为每次询问都将得到肯定的答复，但这个形式非常重要。如果有人事先未征得同意就与族宝交谈，那么族宝将按照规定不予回应，只需对无礼之人笑一下然后走开。

“族宝”的设定源自“巴法巴法”游戏，其中一种模拟文化对如何对待女性有非常严格的规定，另一组则没有。这项活动的设计意图是想要在男女混合互动中增加对文化差异的敏感性。我起初打算将这一部分内容全部删掉，因为我觉得女性在文化中的角色太过复杂和多样化，无法简单地用这种方式加以表达。但是，阿尔法文化必须有一套较为特别的社会习俗，让贝塔组的成员无法轻易猜透，所以，我重新设置了原始游戏中仅限于女性的角色内容，将其设定为不分男女的“族宝”这一角色，目的是将阿尔法文化内部奇特的互动方式规范化，既保持了该文化所需的复杂性，又改变了女性在所有“原始”文化中均扮演类似角色这一传统。

公平贸易联盟的成立

在楼下的教室里，贝塔小组的商务会议正在如火如荼地进行。学生被告知，在贝塔文化中，人的价值是由其每天在交易大厅中为时 15 分钟的交易表现决定的。除了经商能力，其他一切都不重要。一位成功的贝塔人要诚实、始终如一、坚持不懈，能在艰难的条件下完成交易。此外，时间管理是在贝塔文化中取得成功的重要因素，因为在一个交易时段，贝塔人达成的交易越多就越有机会增加其财富。不过，这一点没有被明确告知，需要学生自己慢慢领悟。

20 位学生五人为一组分成了四家贸易公司。我们为每家公司都准备了一本账簿，用来记录交易详情，然后给他们几分钟的时间互相认识一下并讨论决定其公司的名称。“蓝宝石投资集团”这一名称源自于组内三名出生于九月份的成员，因为蓝宝石是九月的生辰石。“贝拉贸易公司”这一名称源于当时非常流行的一部吸血鬼电影中女主角的名字。有一组学生在做完自我介绍以后发现，组内所有成员都喜欢乡村音乐，因此，他们将自己的贸易公司命名为“乡村股份有限公司”。另一组学生用五个成员的名字首字母缩写“J2HAD”（J2 指有两名成员名字的首字母均为“J”）作为其公司名称。

我们要求四家公司分别为贝塔小组拟定一个总的名称，于是，我们得到了四个选项：“贝塔联合银行”“贝塔交易所”“科尔组织（致敬科尔教授）”以及“公平贸易联盟”。“银行经理”威尔逊太太将这四个名称写在白板上，要求大家讨论后进行投票。起初，每个小组都把票投给了自己提议的名字，结果四个名字的票数相等。接着有人指出，“银行”这个词汇从技术角度来讲是不对的，于是大家一致同意将“贝塔联合银行”这一名称淘汰出局。再次投票表决后，“公平贸易联盟”这一名称以最多票当选。完成命名任务以后，四家贸易公司依次进入银行经理的办公室设立了自己公司的账户。

学生们被告知，我们最终将以三个标准来衡量其成功与否，包括每位成员所拥有的货币价值、每家贸易公司内所有成员的总资产，以及整个贝塔团队的总财富。每个交易时段结束以后，银行经理将会统计当天的所有交易并以渐进线图的形式公布累计总数，展示个人及各贸易公司的成绩以及整个组织的财富增长情况。本会计期结束以后（模拟实验项目结束以后），取得最好成绩的个人及业绩最优公司的全体成员都将受到表彰和奖励。

把握节奏

我们很庆幸能将这项模拟实验安排在大学进行，因为这样不仅能够按部就班地规划定期聚会，还能保证活动的参与度以及参与者之间关系的循序渐进的发展。我们为课堂活动制定了一份日程，希望能以自然而平稳的节奏开展和发展文化活动。我们会在每节课一开始先就学生当天的阅读任务进行提问，保证他们完成每天的阅读作业，然后就这些阅读文章进行简短的讨论，最后简要地介绍一下当天要进行的模拟活动。接下来，我们会回答学生有关模拟游戏的问题，这也是学生在课堂上公开讨论游戏规则的唯一机会。在模拟游戏开展期间，参与者将按照我们在现实生活中的实际方法，通过观察、尝试、犯错来学习其所在小组以及另一个小组的运作方式。最后，我们会给学生留出“做文化”的时间，让他们学做其所在组织的成员。后期我们还会安排两个小组利用这段时间去探究对方的文化，但在刚开始的这个阶段，我们会让他们保持隔离状态。如果时间允许，我们会用下课前的几分钟时间总结一下当堂课的内容并布置下一节课的安排。

石头人悠闲自在的生活方式

我们为石头汤文化小组所选的背景音乐是摇滚乐鼻祖鲍勃·马利的《不必担心任何事》，因为这首歌精准地概括了石头汤文化的主题。石头人被告知自己所在的部落非常富有，他们拥有丰富的资源与用不完的财富，因此，他们在日常生活中无须工作也无须担心任何事情。教室中间最显眼的位置摆放着一大罐“金币”，石头汤族人随时可以根据自己的需要从罐子里拿钱，但按照规定，用不完的钱要在当天放回罐子里。囤积金钱或者显露出对金钱的渴望和兴趣都是极其无礼的表现。

石头人的日常活动就是享受彼此的陪伴，石头汤族称之为“家”的房间里堆满了美味可口的食物以及各种工艺用品，如粗布、针线、马克笔、胶水等，石头人可以根据自己的实际需求自由取用。石头人可以吃吃喝喝、玩玩纸牌游戏、听听音乐、唱唱歌、跳跳舞、做做手工，我们对他们唯一的要求就是要时刻将友谊和同族情义放在最重要的位置。

对石头人来说，玩耍即是工作

我们教石头人玩一种非常简单的纸牌游戏。首先将一副扑克牌中的 A、K、Q、J 挑出来，然后像玩“剪刀石头布”一样，按照扑克牌的点数和花色决定输赢，因此，谁输谁赢并不是靠出牌的技巧，而是靠摸牌的运气。虽然每把牌都有赢家和输家，但并没有相应的奖励和惩罚，也不记分数。当然，他们也可以规定输家要给赢家钱，但没有人在意输赢，输赢的金额也很随意。如果有人输光了自己的钱，旁边的人可以将自己的钱分出一些给他们。玩纸牌游戏只是为了打发时间，同时也能促进族人之间的友好互动、增进族人之间的相互了解，除此之外并没有其他目的。在这个阶段，石头人的主要任务就是谈笑风生、亲密接触、共同分享和互相关爱，这些都是石头汤文化最初的成果。

对商人来说，一切皆是生意

当石头人致力于搞好族内关系的时候，公平贸易联盟的成员们则在想方设法地获取竞争优势，好让自己在交易大厅取得成功。每一家贸易公司都拿到五叠交易卡，每个成员分到一叠。这些交易卡分为六种颜色，每张卡片上都印着看似毫无规律的 150 个数字。分发卡片的时候，组织者郑重其事地宣布：交易语言和交易规则将以口头形式传达，所有信息必须严格保密，不准用笔记录，也不准与任何非公平贸易联盟成员的人分享。泄露这些信息将会极大地损害整个公平贸易联盟的利益和每一个参与者的盈利潜力。此外尤其需要注意的是，在规则的实施方面并没有制定具体的惩罚措施或实施流程，而是完全靠参与者自由发挥，随着模拟项目的逐步开展，参与者可以视情况采取（或者不采取）他们认为适当和必要的一切手段。

银行会以每套 100 美元的价格收购整套交易卡，商人们的任务就是尽可能多地凑齐整套交易卡。按照规定，一套交易卡应为六张同色连号卡，数字从 1 到 6。每张交易卡上都按 10 × 15 的矩阵印上了 150 个数字（个位数），只有公平贸易联盟内部成员才知道要看矩阵四角的四个数字（四个数字相同，且均在 1 到 6 的范围内）。不了解内情的外人很难弄清这里面的门道，因此几乎没有可能凑齐可以兑现的一整套卡片。

对外人保密的交易语言

商人们必须使用一套特殊的语言来进行所有的交易活动。第一次听到这种交易语言时会觉得它非常复杂，但弄懂了它背后的规律之后就非常容易掌握了，因为整套语言只包含六个表示颜色的词和六个表示数字的词。

所以，对于两个文化小组而言，同样是纸牌游戏，石头人玩的是扑克牌游戏，而商人们玩的是交易卡片游戏。公平贸易联盟的成员们需要使用新学的特殊语言来描述自己想要什么颜色和什么数字的交易卡。交易时，商人们首先需要确定卡片的颜色，取六种颜色的英语单词首字母作为相应的声母：r 代表红色，g 代表绿色，b 代表蓝色，y 代表黄色，o 代表橙色，w 代表白色，之后加上任意一个韵母拼成单字。所以，如果你想要一张红色的交易卡，那就可以说“让”“热”“肉”“如”等，而对方只需关注声母即可。颜色确定以后再确定数字，分别用商人自己姓和名的首字母作声母，之后任选一个韵母与两个声母组合成两个字，想要数字几就说几个字，重复两个字至所需个数即可。如，我的名字叫黛博拉·威尔逊，则两个声母分别为“d”和“w”，当我想要数字“4”的时候就可以说“达娃达娃”，其他商人听到以后无须关注我说的是什么字，只需在心里默默地数一下我一共说了几个字，有几个字就是想要数字几。假如我想要一张带有数字“5”的红色交易卡，那么我就会走到其他商人面前说：“让达娃达娃达。”“让”（或者“热”“肉”“如”等）表示我想要红色的交易卡，之后的五个字“达娃达娃达”则代表我想要数字为“5”的交易卡。

假如一个人对这些规则毫不知情，就算旁听到交易时的对话内容也会完全摸不着头脑，因为将姓名的缩写作为声母，然后随意搭配韵母，出现的组合会有多种可能，但实际上，对话交流的内容不过只有 12 个不同的字。

此外，交易语言还包括一些手势。如，用下巴向下飞快地碰一下前胸表示“是”；将两肘平抬至胸，双手放松下垂表示“否”。成员在交易期间不得使用其他语言或者常用手势，否则会被认定为无礼。设计这种特殊的语言和手势，是为了保证所有的对话和交谈都被限定在任务范围内，防止个人交谈与私下讨论。

规则介绍完毕之后，学生们有几分钟的时间在自己的团队里练习这些交易语言。虽然刚开始说的时候会有一点磕绊，但大部分学生学得很快，而想要弄懂别人在说什么就比较困难了，所花的时间也更长一点。我告诉他们，他们会有足够的时间去练习，每个人最后都能熟练地掌握这种新语言。有位菲律宾学生还专门为这种语言起了个名字，叫作“贸易语”。

“没有什么能打断我的步伐”

“商人”最初拿到手的10张交易卡全都是随机发放的，因此，有些颜色和数字的卡牌是重复的，而有些颜色和数字的卡牌则一张都没有。交易的目的就是让双方都能从卡牌交换中获益，让双方都能凑够一套完整的交易卡。但是，公平贸易联盟的成员不知道的是，我们发下去的这些卡牌中有一些数字非常稀少（3和5）。后期他们会发现，来访的外国人手里掌握着很多这种宝贵的资源。

课堂进行到这里基本上就结束了。我们分别告知上下两个教室里的学生，他们已经掌握了所需的信息和材料，现在可以正式开始“石头汤”和“公平贸易”这两个模拟社区内的生活了。我们要求学生下节课上课时就要像无忧无虑的石头汤人或信誉良好的商人一样做事，同时再次重申两个小组之间不得在课堂外有任何互动这一要求。这时，如果有不知情的人从“石头汤文化”的教室外走过，他们很有可能会误以为教室里的人是一群亲密的好友，他们刚刚开了一场派对，现在正彼此热情地拥抱告别、互道詹重。而商人们离开教室的时候则神情严肃、步履匆匆，看起来满怀心事。“乡村股份有限公司”的蒂姆哼唱着美国著名音乐人马修·怀尔德脍炙人口的单曲《打断我的步伐》，“没有什么能打断我的步伐”。他的小组成员们全都听得十分入神。

在我们的热切期盼下，学生们终于递交了他们的现场记录。大部分现场记录里都包含我们期待看到的观察与思考。显然，这节课后，学生们对研究项目有了进一步的了解，而且他们也很清楚这是一门大学课程，他们必须达到某些特定的要求才能拿到学分。石头汤文化的学生在记录中提到了他们如何努力地与其他石头人发展人际关系，从而建立起人与人之间的“纽带”，不过他们这么做完全是出于课程的要求，并没有太多情感上的投入。杰米的记录就非常具有代表性。

> 开始的时候，我觉得自己很难投入到这个模拟游戏中。我们这个家族的人看起来都有一点紧张，觉得这种游戏太土、太老套。因为我们之前对这种活动毫无经验，所以一直在笑场，我觉得自己像个傻瓜。后来，我们发现自己可以从这些活动中得到不少乐趣，这才放开了，各种主意层出不穷。我们想成为医者！我们想呼唤雨神！

能重新回到幼儿园那段时光，充分发挥自己的想象力，这种感觉真的很不错。我喜欢“家族”这种分组形式，它能迅速拉近组员之间的距离。不过，我还是不大明白这个模拟活动以后的走向。我们听了一个故事，但这真的能帮我们创造出自己的文化吗？创造出文化以后，对该文化的归属感会在什么时候萌芽呢？我们什么时候才能有真的“石头汤”文化而不是假装的文化呢？我脑子里想的全都是这样的问题。不过，这个游戏非常有趣，也能让人思考，我非常想知道以后的发展究竟会是什么样子的。我自己很喜欢为家族和整个部落命名这一环节，因为这能让我们的文化和我们的家族更加团结、更加真实。我也喜欢大家讨论各自祖母这部分内容，因为这样我们就有了合理的历史，我们的过去就变得更加真实可信。它不仅能让我们将临时编造出来的故事变成文化，还能让这个文化拥有悠久而深邃的历史。（杰米，石头汤）

而来自公平贸易联盟成员的现场记录却能看出不少情感上的投入，虽然投入的对象是竞争而不是团队。学生们全都摩拳擦掌想要赢得这场比赛，而且是想要自己赢。萨姆的记录就很典型。

我觉得自己在这门课上绝对能保持4.0的平均绩点。其实刚开始我想过要退掉这门课，因为第一节课给我的印象是这门课会有大量的阅读作业和分析写作，而这两者都不是我的强项。不过现在，我得知这门课程的主要内容是竞争性金融贸易活动，这可是我最拿手的项目。我在大学里选修的商务课程比大部分人都要多，所以在这方面很有优势。我只希望我的小组不要拖我的后腿，那两位男生看起来还可以，另外两位女生我不太了解，希望她们也能好好表现。交易语言那部分听上去略傻，不过我也知道，外人弄不懂交易细节对我们绝对有利。（萨姆，公平贸易联盟）

总的来说，这节课后学生们的反馈意见让我相信，研究项目有了一个很不错的开端。我之所以这么有信心，是因为我看到商人们已经准备好投入到商业竞争中去了。但与此同时，“乡村股份有限公司”的某些成员的记录文字中所带有的攻击性语气也让我感到有点不舒服。我自己对这一天的现场记录中有这样一段文字：

他们（乡村股份有限公司）之所以选择这个名字，是因为所有组员都热爱乡村音乐。虽然我十分痛恨刻板印象，但他们的记录文字中似乎已经有了“善良的老男孩”这种倾向。其中要数崔维斯最为过分，他在记录中写道：“我认为，我们乡村股份有限公司是最好的，因为我们组的白种人最多，白种人比其他种族的人更加外向、更加开朗，这是我们的优势。我们是一群牛仔，一定要用鞭子好好抽他们的屁股！”哦，老天……如此公然地表达种族主义还真是让我始料未及……他们明知道加州大学圣地亚哥分校对种族或族裔歧视及辱蔑实行零容忍政策……真没想到，实验项目才刚刚开始，竟然就会出现这种情况……到时候如果爆发了帮派冲突，那我们该怎么办？

当然，如果你继续往下阅读就会发现，这个问题并没有出现。出现的是其他一些问题。

4月8日：开始背道而驰

亨利·泰弗尔（Henri Tajfel）和约翰·特纳（J. C. Turner）在1978年出版的论著《社会群体间的区分：群际关系的社会心理学研究》中对群体凝聚力[1]进行了深入的研究。他们发现，将个体划入不同的组别足以让他们表现出对所在群体

1 泰弗尔的研究项目为激发组内和组外活动提供了最低限度的条件：随机分组（通过抛硬币或抽签决定）、不允许组内及组间进行社会互动、参与者没有理由期待会与他人再次进行互动。尽管个体的反应与其现有自我利益之间无根本性的联系，实验结果却显示这二者之间存在明确且持续的关系模式。实验主体对其所在群体有强烈的认同感、更喜欢自己所属群体内的成员、认为自己组内成员在各方面的表现都高人一等、经常会牺牲自己的利益去奖励群体内其他成员。

的亲近和偏好。现实冲突理论创始人穆扎弗·谢里夫（Muzafer Sherif）通过其著名的罗伯斯山洞实验（本书第四部分对此有更加详细的论述）发现，即使两组成员在实验开始阶段并不知道彼此的存在，他们对组外人员的偏见也已经存在了。不过，在阅读了学生的现场记录以后，我们还无法判断学生对其所处文化到底有无归属感。后来，发生在课堂外的一件小事稍微减少了我们的担忧，但同时也让我们产生了新的担忧。就在下节课开始之前，当石头汤小组的项目联络人瑞秋从几个“商人”学生身旁经过时，她听到有人说“呦……石头人的头儿来了”，还有人说“商人才是最好的”。虽然他们的语气很温和，但话语间带有明显的敌意和调侃。这种行为令人有些不安，但我心里还是很高兴能看到这些体现集体团结的迹象。现在，我需要观察项目参与者是否认为自己有能力根据实际遇到的情况改变和拓展自己已有的素材，我需要一些能够证明他们对其文化拥有归属感的证据。

石头人只想一动不动？迟到、缺勤、无所事事、目标缺失

尽管我们一再强调要守时，学生们也知道上午 8:00 会就上次分配的阅读作业进行测试，但是一直等到 8:15，石头汤的教室里仍有七名学生缺勤，其中五人在下课前赶到了教室，另外两人则始终未出现。“太阳”家族的出勤率尤其堪忧，8:30 模拟活动开始的时候只有两名成员出勤。这种迟到的情况也造成了另外一个问题，按规定，大家只能在每节课刚开始的时候公开讨论文化

规则，这就意味着，迟到和缺勤的学生会错过很多重要信息，从而影响他们的文化参与度，缺勤的学生有可能永远都无法成为完整意义上的石头汤文化成员，这将对其所在小组的发展造成严重影响，甚至有可能对整个实验项目造成影响。我对这堂课的记录中，最后一段是这样写的："如果一个文化所提倡的就是放松心情、无忧无虑、不理时光流逝，那么我们怎样才能让学生愿意一大早就起床，8:00 准时到教室上课呢？我原以为只要提供一些免费的食物就能够吸引他们来上课，但现在看来，我们还需要想出别的办法才行。"

我们从石头汤文化成员的现场记录中找到了一些他们旷课的原因。有几个迟到的学生表示，他们并不是很清楚自己的文化到底需要完成什么任务，希望我们能提供更多的指导。而且，因为有不安全感，所以他们在课堂上会默默地退后几步，让那些"搞得明白"的人在当天的活动中扮演主要角色。对于这些学生的消极态度，其他学生也抱怨颇多，他们表示，自己没有别的选择，只能尽力而为，让课堂活动能够进行下去，但同时，他们对那些什么都不做的人非常不满。

于是，我和瑞秋决定发放"公民卡"，团队成员之间互动后可以互相"打分"。上课时，我们把索引卡拿出来，告诉学生从下节课开始，每个石头人都会拿到一张这种 7×12 厘米大小的卡片，他们与人交谈时必须出示此卡，交谈结束后收回。某人如果认为对方缺乏某些重要的石头人品格或者其行为有违石头汤的传统，则可以在其卡片上随意书写一串数字；某人如果认为对方表现良好并符合文化规范，则可在其卡片上书写任意一串字母。这些卡片能够显示出其持有者的声誉，交谈双方可以据此先行了解彼此。我们希望通过这种方式来鼓励石头人更多地参与活动，也希望借此提高出勤率。[1]

上紧发条！守时、积极、投入

正当瑞秋在为石头人的迟到和旷课而深感烦恼的时候，上午7:45，我来到公平贸易联盟的教室，发现已经有一大堆热情高涨的“商人”等在门口，他们迫切地想要开始活动。教室门刚一打开，他们便蜂拥而入，主动搬动桌椅将教室布置成“交易大厅”的样子。之后，不同的交易小组自行聚集到了教室的不同角落。甜甜圈送到以后，学生们迅速走到教室后面的食品台前，拿到甜甜圈以后迅速回到自己的小组，在此期间不与自己小组之外的任何人交谈。萨姆 8:03 才匆匆跑进教室，气喘吁吁地向大家道歉，解释说自己迟到是因为公共汽车晚点了，还说自己一下车便以最快的速度跑过来了。除了萨姆，公平贸易联盟的所有成员都按时来到了教室，其中包括以下引文的作者南森。

---

1 使用“公民卡”这一举措在文化交流活动开始之前对阿尔法小组的参与度还有所促进，但成效并不显著。卡片很快就被石头人抛到脑后，模拟活动进行到第三周的时候就已经彻底无人问津了。

今天，当我走进教室的时候，我看到所有人都在搬动桌椅、重新布置教室，大家似乎都迫不及待地想要开始上课。所有人都热情高涨，准备好好地大干一场。外面天气很好，阳光灿烂，想必大家的好心情与此也不无关系。上课前，有些人和自己的小组成员坐在一起为测试做准备，有些人则和教授谈笑风生。（南森，公平贸易联盟，3月8日）

学生们急于开始交易活动，于是催促我抓紧时间先完成当天日程安排上排在前面的课堂任务和阅读讨论。之后，他们将教室中间的桌椅搬到旁边，布置好交易大厅，然后从银行经理的文件箱里拿出了各自的交易卡。桌子上摆着一个银色的小铃铛，用来宣布交易开市和收市。我接连按了三次铃，然后大声宣布："交易大厅现在开市。"所有人立刻从自己的座位上跳了起来，迅速投入到热火朝天的交易谈判中。学生们非常自然地按照规定使用傻乎乎的交易语言和身体语言表达各自的需求，大方得体、毫不扭捏，说实话，这让我非常吃惊。瑞恩在自己的记录中详细描述了第一次交易的情景：

我先在旁边观察了一两分钟，大家叽里呱啦地说着那些傻乎乎的话，有时候就像婴儿牙牙学语一般，听起来还挺有趣的。他们有的人胳膊肘向上、小臂向下摆动着表示“不”，有的人挥着手大声重复着自己想要的交易卡，看起来难免有些傻傻的感觉。但是，每个人都认真地做着，面带笑容，一点都不扭捏。开始的时候，想要听懂这种交易语言还是很困难的，总是会把别人想要的颜色和数字弄混，比如说，听到有人喊“娃娃擦娃擦”时，我会觉得这个人想要白5（其实是要白4）。后来，我找到了一个有交易意愿的人，于是便把自己想要交易出去的卡牌高高举起，嘴里说着自己想要的交易卡。对方挥手要我重复一遍，于是我又说了一遍。这次她听懂了，马上举起胳膊肘向下摆动小臂。接着，她举起了自己的交易卡，然后说出了自己想要的卡牌颜色和数字。我手里刚好有这张卡，于是把下巴指向自己胸前表示：“是的，我愿意跟你换那张卡！”

柯尔忘记了一些交易规则和交易语言，不过，他拿到交易卡的时候，我刚好站在他旁边，所以我就跟他详细地解释了一遍。他手里有一张非常稀有的“哦米哈米哈米”（橙5），于是，我用自己的“娃米克米”（白3）跟他做了交换。我感觉他并不是很在意自己能不能凑成一整套卡牌，他只是很想帮我的忙。对我而言，这次交易非常非常重要。

交易很费时间。我打算尽可能压缩每次交易的时间，因为如果想赚钱，就必须在有限的时间内多交易。我还不知道怎么才能在不违反交易规则的前提下提高交易效率，但是布鲁诺想出了一个好办法。他把自己所有的交易卡都举起来，听到有人说想要哪张卡就迅速翻看一遍，然后用交易语言回答对方。

我不太会吸引其他商人的注意力，我不想走过去直接问，因为那样会显得很失礼。我总觉得应该先有个表示，打个招呼什么的，比如说，“嘿！想跟我做个交易吗？”所以，我把颜色和数字重复的卡牌挑出来，然后用手势跟别人打招呼，吸引对方的注意。此外，因为交易后不能说“谢谢你”或者“很高兴和你做成了交易”，我总觉得交易仿佛还没完成，总觉得少了点什么。所以，我在交易期间大声抱怨过：“要是能说‘谢谢你’就好了！”对此，亚伦也表示赞同。所以，下课前我们一致同意，交易完成以后双方可以握手庆祝。

整个交易期间，我经常听到有人大声抱怨交易语言实在是太容易弄错了。有些商人甚至会用手指表示数字（这绝对是违反规定的）。好在这次只是练习。我还听到很多人在说英语，或许他们是在讨论交易语言的规则，不过我自己还是按照要求尽量不去听别人在说什么。此外，我发现每个人手里都有一叠绿色的卡牌，大部分人都想把绿色卡片换出去。我也不例外，手里最多的就是绿5，不过别人要么已经有了，要么不想换这张交易卡。

交易结束以后，我们把自己的交易卡全都放回信封里。据说，周四上课的时候我们会拿到新卡，然后交易就正式开始了。（瑞恩，公平贸易联盟，3月8日）

石头人一起跳舞，姐妹情深……现在该怎么办？

瑞秋听到杰米称呼自己家族里的其他女生为“姐妹”，这让她觉得十分有趣。她本以为这是个别情况，但她很快便发现，这一情况很普遍，几乎所有家族都在使用这一称呼。当天晚上，有两位石头人在现场记录中使用了“姐妹”这一词汇：“瑞秋为我们组拍集体照的时候，我发现杰米不在，于是告诉瑞秋，让她等一下我们的姐妹。”（金杰）“我和姐妹们一起把商人们的纸币涂上颜色，然后折叠做成手镯。”（杰西卡）不过到目前为止，我们并没有发现哪位男生称呼自己家族的男性成员为“兄弟”，公平贸易联盟内也无人使用“兄弟”和“姐妹”这两个词汇。

石头人里有几位女生在上课的时候带来了一些手工制品，说是想要捐给我们这个项目。这一点比较奇怪，因为我们并未提出过这样的要求。这些物品中有几个小图腾、一块经过打磨的石头、一个双面雕像和一个小鸟形状的黏土口哨。她们觉得这些东西都能代表石头汤文化的特点。还有些人带来了音乐光盘和音乐播放器，他们说这些音乐可以怡情。其中一位学生还根据迈克尔·杰克逊的名曲《避开》编排了一套舞蹈动作。对此，杰米在自己的现场记录中有以下描写：

我们开始学习部落（游戏）文化并通过手工制品创造我们的历史。刚开始，这一切都显得非常不自然，但是现在，事情已经开始变得越来越简单了。虽然这里的卡牌游戏看上去和其他纸牌游戏没有太大区别，但实际上却能打开交流的大门，为家族成员创造了增进了解的机会。我们询问彼此祖母的情况，这些编造出来的故事也能让我们哈哈大笑，成为建立彼此之间纽带的一种有效方式。我不知道这个游戏为什么会这么简单，我觉得自己应该很快就会厌倦了。不过，因为涉及不同的个体，大家谈话交流的时候还是挺有趣的。后来我们才知道，起初简单明了的游戏规则正是为了给我们提供发展部落文化的机会。最初，我不知道是否应该在我们的文化中加入迈克尔·杰克逊的舞蹈，流行音乐和我们此时此地的音乐也能算是石头汤文化的产物吗？嘻哈音乐流派真的会对阐释石头汤文化有帮助吗？我只知道，大家都很喜欢跳舞，而且这项活动确实拉近了整个部落之间的关系。我真希望祖母也能跟我一起参加这些活动。（杰米，石头汤，3月8日）

石头汤文化的每个人都彬彬有礼，他们根据自己部落文化的规定对待彼此和要求自己（在任何情况下都要保持镇定、善解人意、温柔体贴，永远都不要愤怒、嫉妒、具有攻击性、不耐烦）。

他们兴致勃勃地玩着石头汤纸牌游戏，和他们的祖先一样，输了牌不会恼羞成怒，赢了牌也不会沾沾自喜，总是和善待人。此外，整个部落的财富全都归大家所有，杂乱无章地放在教室中间的桌子上，任何人有需要都可以去取用。没有人私藏金钱，很多人在打牌的时候都会大方地将自己赢到的钱分给旁边的人。

我们要求两个组的学生利用这堂课的机会多加练习，以便更加熟练地掌握必要的技巧和能力，日后真正成为其所属“文化”中的一员。对石头人来说，他们的行为并没有任何直接的后果和有形的影响，这一点是个问题。大部分学生表示上课很好玩，有些学生说自己开始感觉到大家正在一起创造某些东西，但也有学生表示，这种没有输赢的游戏很难让他们保持长久的兴趣。其中一位石头人在现场记录中这样写道：“我告诉自己，这个游戏的目的就是要和家族其他成员保持亲密接触，就这一点而言应该没什么问题。但是说实话，这个游戏挺无聊的。我更喜欢讨论和设计族徽那个活动，因为活动结束之后我们有成果。”（切尔西）我希望当两个小组开始互动的时候，这些活动的用处和意义能够进一步表现出来。我和瑞秋还是担心石头汤文化的成员们会失去兴趣，但愿后面两个小组之间的互访活动能够让石头人更加积极地参与“跨文化”交流，进而对自己的文化更有兴趣、更加积极地参与。但是，对于商人那一组，我们两人都丝毫没有这种担心。就像我在记录中写的那样：“他们全都像打了鸡血一样，在此之前，我从未见过哪个学生如此投入一个研究项目。”

第二部分

嫌隙渐生

文化起源的心理学基础

现代社会心理学创始人库尔特·勒温（Kurt Lewin）提出了两个非常重要的概念——“命运相依性”和“任务相依性”，对我们认识和理解群体凝聚力有着深远的影响，同时也和本实验项目有着非常直接的联系。勒温认为，群体之所以会出现，不是因为其成员拥有共同的特点（虽然有可能会出现这种情况），而是因为他们意识到自己命运中的某些因素取决于这个群体的整体命运。他表示，当每一位成员的成就都能影响到群体内其他成员的成就时，他们就能创造出最紧密的联系。

美国社会心理学家莫顿·多伊奇（Morton Deutsch）曾经组织学生验证过勒温的这一理论。他将选修自己心理学课程的大学生分成两个学习小组，其中一组学生的成绩由整个小组的成绩决定，即同一个学习小组内的所有学生得分相同；另一个小组中每个学生的成绩都进行单独评分。五周以后，“相互依存”的学习小组（或者称之为“互助小组”）在合作、参与、交流等各方面的得分均较高，小组成员之间表现出来的好感度更高、攻击性更低，在学业成就上也优于另一组单独评分的学生。多伊奇在其发表于 1949 年的论文《合作与竞争理论》中详细记录了这次实验的过程和结果。

在我们的这个文化模拟实验中，所有学生都是单独评分的，但他们所属的文化能否取得成功还是要看团队合作。我们之所以有这样的规划，主要是为了让个体参与者的命运在模拟过程中完全依赖于他们作为群体一分子塑造群体凝聚力的能力。没有学生能够独自完成创建文化这一任务。此外，同组学生之间命运相互依存的程度又因其所属文化的不同而有所不同。根据勒温的理论，在两个不同的模拟群体中，与强调个人努力的群体相比，强调团队整体发展的群体内部成员之间的合作程度更强、攻击性更弱。

多伊奇关于学生学业成就的发现得到过很多学者的印证，其中有一个发现和我们这个项目的关系十分密切。多伊奇发现，在相互依存的条件下，学生之间的好感度更强，更愿意合作与交流。在描述这种群体团结的时候，学术界最常用的词汇是“凝聚力”。那么，“凝聚力”到底是什么呢？霍格（M. A. Hogg）在《群体凝聚力的社会心理学：从吸引到社会认同》一书中将群体凝聚力定义为：“群体成员所受到的吸引并非来自彼此，而是来自‘群体’这一概念本身。”换言之，成员之所以会被群体内其他成员所吸引，是因为他们也是这个群体中的一员，而他们作为独立个体的性质和特点并非主要的考虑因素。

令人吃惊的一点是，影响群体凝聚力最重要的因素并不是成员之间是否具有相似之处，而是这个群体能否成功实现自己的目标。阿尔弗莱德·安德森（Alfred Anderson）在其 1975 年发表的文章《人际吸引与目标路径清晰度对任务导向型群体凝聚力的双重效应》中就论证了这一理论。他组建了两个团队，其中一个由（自述）背景和价值观各异的人组成，另外一个由（自述）背景和价值观相似的人组成。两个小组的任务是分两个阶段设计一幢新的学生宿舍楼。在第一阶段（促成条件），同一小组内的所有成员得到相同的介绍和培训材料；在第二阶段（阻碍条件），同一小组内的学生拿到的材料全都不一样。第一阶段结束以后，所有参与者都需要回答一个问题："你愿意在下一个阶段继续留在原来的小组吗？"在促成条件下，大部分学生（85%）均表示愿意继续留在原来的小组；而在阻碍条件下，只有 45% 的学生表示不愿换组。背景及价值观的异同对学生是否愿意留下没有任何影响。据此，我们能够预测两种文化的成员对其文化成功度的认知及其成员对组织内部团结程度的认知，但我们并不清楚他们会以什么样的标准来进行评判。

文化起源是一个意义构建过程：我们需要认知上的"闭合"

美国社会心理学家利昂·费斯廷格（Leon Festinger）在 1954 发表的论文《论社会比较》中指出，文化与人们"想要知道"这一需求之间存在着根深蒂固的联系。他认为，人们最想要的就是一整套有效的信念，他们可以据此做出决定和判断。他表示，虽然我们对自己所处的物质世界有非常细致而深入的认识，但世界本身并未提供可以印证我们个人信念、态度或观点的标准，我们只能从他人身上获得这样的标准。克鲁格兰斯基（Arie Kruglanski）和韦伯斯特（Donna M. Webster）两位学者认为，追寻普遍现实是绝大多数社会进程的根本，同时也进一步提高了同一社区人群在信念和准则上的一致性。他们在费斯廷格“需要知道”的理论基础上进一步提出，人类无比渴求答案，任何答案都比困惑不解与模糊不清要好得多。他们认为，我们在认知上也需要“闭合”，我们需要一个理由让我们不再永无休止地思考某个问题，让我们可以继续前行。比起精益求精地追求准确性和最后的验证来说，我们对“闭合”的需求和渴望通常更为迫切。

人类对认知“闭合”的这种需求在文化起源上有两个表现。首先，它推动了普遍现实的构建过程；其次，它将文化规范或文化模式固定下来并使其在一段时期内得以延续。为了保证得到认知上的“闭合”，其中一个明显的认知倾向就是铲除有可能影响人们达成共识的所有障碍。克鲁格兰斯基曾经设计了一系列的实验，探讨我们会通过哪些方式重新定义群体界线，从而就重要议题达成共识。他将陌生人分成不同的小组，让他们讨论决定骚扰行为的定义。结果发现，当参与者面临压力需要快速了结此事时（身处嘈杂的环境并面临时间压力），他们通常会驱逐或贬低异见人士，而更加重视有助于达成一致意见的成员的见解。

某个特定的群体一旦达成共识并将其规范化，便会进一步采取措施保证该规范得以延续，其中一项措施就是在群体内部标同伐异。“标同”是保证认知“闭合”的一种手段，同时也是实现认知“闭合”的根本。群体内部成员的变更会削弱共识，因此，划定并保持界线就变得至关重要。你在本章后面的内容将会看到，当一个群体需要做出决策的时候，不同的声音通常都会以方便行事的名义受到压制。至于这样做究竟能否产生团体凝聚力，我们拭目以待。

内群体偏好及外群体偏见

泰弗尔探究了内外群体行为发生的最低条件，实验中，泰弗尔通过抛硬币或者抽签等形式进行随机分组；小组内各成员及两个小组之间均不得进行社会性互动；参与者不得与其他人互动；个体反应及其自我利益之间没有根本性联系。最终的研究结果显示出一个明确的而稳定的模式，即实验对象对其所在的群体有着强烈的认同感，更喜欢自己所属群体内的成员，认为自己组内的成员在各方面的表现都高人一等，经常会牺牲自己的利益去奖励群体内的其他成员。

泰弗尔发现，群际行为有两大重要特点：一是随着个体对其所属群体的认同感的提升，变化性会随之减少，群体内成员对群体外成员的态度和行为更趋一致；二是随着个体对其所属群体的认同感的提升，群体内成员对群体外成员的认知更加趋向一致。此外，随着群际关系的恶化，这种对外界认知无区别性、去个人化以及刻板印象变得更加明显，适用范围也更广。换言之，当人们将自己视为群体内的一分子时，他们对群体外成员的认知就会趋于相同，同时认为群体外所有成员也都是一样的。两个群体之间的紧张关系会使上述两种趋势进一步加强。

对群体成员身份的认知与遵守视具体情况而定

突显群体成员身份在一切特定环境下都十分重要，因为我们对一个群体行为规范的服从程度直接取决于我们是否认为自己是该群体中的成员。一系列研究表明，当学生意识到自己是某个群体的成员时，他们的行为方式就会符合公众对该群体的预判和期望。有学者曾经在斯坦福大学做过一次调查，在数学考试之前，特别向亚裔美籍女生提到她们的女性身份（刻板印象认为，女生在数学方面并不出色）或亚裔身份（刻板印象认为，亚裔学生在数学方面非常出色），结果，学生在意识到自己为亚裔时的成绩远远高于意识到自己女性身份时的成绩。

相反，如果我们的关注点在别的事情上，从而使我们作为群体成员的身份不是特别明显，那么我们就不会继续遵照群体成员的行为标准行事。达利（John Darley）和巴特森（Dan Batson）在 1973 年发表了著名的论文《从耶路撒冷到耶利哥城：研究帮助行为中的情景变量与倾向性变量》，文章详细描述了一项由普林斯顿神学院学生参与的实验项目。所有学生都需要横穿整个校园去做一次演讲，其中一半学生的演讲内容为“好撒玛利亚人”这个寓言故事，另外一半学生的演讲内容则是关于就业机会的。实验共分三种情况：第一种情况是告诉学生他们已经迟到了，必须马上赶到演讲地点；第二种情况是时间刚够他们赶到演讲地点并做好必要的准备工作；第三种情况是告诉学生时间充裕，但他们应该提前过去听一下其他人的演讲。在前往演讲地点的路上，每一位学生都会在必经的门口处遇到一位瘫倒在地的男人，此人还会在他们路过的时候大声呻吟。根据我们的常识，我们通常会觉得神学院的学生应该更富有同情心、更乐于助人。实验开始之际，所有实验对象填写自我报告调查问卷的时候也对此表示赞同。但最终的结果显示，学生是否会停下脚步帮助有需要的人，其决定性因素并不是学生就“善良”和“助人”程度的自我评估或他们即将发表的演讲内容，唯一相关的因素是参与者在不迟到的前提下可自由支配的时间有多少。实际上，有些学生在赶往演讲地点的路上一边读着有关好撒玛利亚人的演讲稿，一边从倒卧在地的人旁边走过去。

4 月 10 日：企业家、兄弟姐妹及其他人

因为到目前为止，我们还没有正式地互相介绍过两个小组，所以我们并没有期待也没有看到各组内出现任何忠于群体的明显迹象。我希望未来两组之间的互访能够改变这一现状，希望到访的石头人无法破解公平贸易联盟的古怪语言和交易行为并因此产生疏离感，进而激起他们的好奇心和兴趣。我相信，石头人应该很快便会将商人定义为“他者”并形成“我们和他们”这种二元思维。

但对于商人对石头人的态度，我心里就没那么肯定了，因为石头汤组里那些经过刻意设计、旨在让外人无法看透的行为连石

头人自己都不大感兴趣，所以最后也并没有成为石头汤族人之间互动的常规表现。比如说“族宝”这一设定，刚开始还有人记得，但很快就被大家抛到脑后去了。为了纠正这一倾向，瑞秋一上课就将各家族的“族宝”集合起来，提醒他们要时刻记得自己在这个群体中所拥有的重要地位。此外，她还利用公平贸易联盟成员到来之前的几分钟时间再次强调了石头族关于如何正确对待“族宝”的规定。这些措施似乎成功引起了学生的关注，曼蒂伸出胳膊搂住身边的“族宝”弗雷德里克，大声宣布：“我们绝不会让那些外国人靠近我们亲爱的兄弟！”不过，瑞秋不确定商人来了以后他们是否还能遵守这些行为规范。

与此同时，当商人们走进公平贸易联盟总部的时候，银行经理已经为每个人都准备好了一个信封，里面装着他们之前用过的交易卡，还有一些他们之前没见过的游戏货币。商人们的热情本来就已经十分高涨了，见到“金钱”以后，他们的课堂气氛变得更加活跃。虽然商人们知道现在只是练习阶段，但他们还是兴冲冲地一门心思只想跟别人做成交易，一旦凑齐整套交易卡便一路小跑地去银行经理那里兑换现金。现金这一因素的引入对商人们的影响是显而易见的，之前那种彬彬有礼和裹足不前的现象不复存在。如果说他们在之前的交易活动中表现得十分认真和活跃，那么现在，他们已经开始变得疯狂了。我不得不一遍又一遍地大声提醒他们：“现在只是练习阶段！你们今天就算赚到钱也要全部交上来！”

首次互访

课上到一半的时候，两个小组各派出五名成员到对方那里“观察外国文化的日常活动”，这些“前哨侦察兵”的任务就是侦察“敌情”，收集对方的信息。我们建议主人和来访者最好都不要与“他者”有任何互动，并且建议访问者格外留意对方的言谈举止，以便为将来的跨境谈判做好准备。但这一次不允许双方有任何直接接触。

石头人在来访者面前表现得非常淡定自若、舒适如常，这一点就连瑞秋也感到十分吃惊，因为她之前一直担心石头人会觉得在外人面前表现出特有的石头汤文化很傻或者很尴尬。可不论是讲述自己并不存在的祖母，还是用假的海盗宝藏玩无脑纸牌游戏，或者是用碎布料制作首饰，他们全都表现得非常自然，仿佛这些只不过是大学高年级学生的日常休闲活动。

但是，访问公平贸易联盟的那些石头人就不这么淡定自若了。他们回到大本营以后报告说，他们在公平贸易联盟那边绝对是“外人”，对于商人的所作所为也是“毫无头绪”。其中有个学生说自己受到了商人们的“排斥”，另一个学生认为，商人们看上去十分“冷淡和心不在焉”。下面两段文字摘自艾莉和詹森的现场记录。

今天的文化模拟活动真是让我大吃一惊。我本以为自己思想已经够开放了，不管是什么样的新文化、不管新的文化有多么不同，我都能张开双臂表示欢迎，况且我们的文化最注重的就是包容。但是，这个小组的语言会让你觉得自己完全被排斥在外，这让人感到非常困惑。我觉得，彻底搞清商人文化的底细肯定不是几分钟就能完成的任务。我知道，第一次接触另外一种文化的时候，首先应该安静地坐在一旁观察和学习，但我当时却只想问问题，因为那种模拟出来的环境实在是太陌生了。我们几个走出来的时候全都在说："我们的文化太棒了，尤其是跟他们的文化相比！"所以，情况就是这样。这个实验项目开始以后，我从未想过自己有朝一日会产生这种民族优越感，但这却是我最真切的感受。通过这次的观察，我肯定更愿意生活在石头汤文化里。不过谁知道呢，或许商人们也会一起玩游戏、也会分享彼此的故事，或许我们只看到了他们为了生存而努力赚钱的一面，或许他们也会在赚完钱以后听着杰克逊的歌跳舞！不管怎样，有一件事是确定无疑的，用他们当作纪念品送给我们的纸币一定能做出非常漂亮的首饰。（艾莉，石头汤，4 月 10 日）

大家跳完舞以后，瑞秋把我们带到了商人文化那边（让我们观察他们，然后回来向石头汤的族人们报告）。

我带了数码相机，薇薇安带了录音笔[1]，我们一起来到了楼下的教室。商人们使用和我们不一样的语言进行交流，而且经常变化语言模式；他们没有钱的时候看上去很不开心；他们的手语很随意，似乎没有什么规律；他们手里有卡片，但他们最重视的还是货币，而不是彼此之间的互动和友谊！此外，他们把钱分成不同的金额，这也让我们觉得他们这个文化对金钱的重视程度远远超过了我们。石头汤文化中，金币是自由流动的，完全不像公平贸易联盟，他们都把金币囤积在个人手里。他们那边很热也很拥挤，那边的人看上去有一点冷淡和心不在焉（虽然我们是观察员，但好像没有人注意到我们）。我们拍了照片，观察了大约 10 到 15 分钟的样子，黛比向我们表达了感谢，送了我们一叠一美元纸币作为礼物，然后就把我们赶出来了。我们很高兴能离开那个拥挤的小房间，上楼回到自己的大本营。回来以后，我们看到石头人正在跟到访的商人们道别，还在为他们拍照留念！看着我们对待他们的态度，再对比他们对待我们的态度，这个非常有趣。回到自己人中间的感觉很好，我们把自己看到的、听到的全都一五一十地向大家做了汇报。（詹森，石头汤，4 月 10 日）

1 此前我们并未探讨过数码相机和录音设备的使用问题，事先也并不知道学生会在访问期间使用这些设备，因此，看到詹森在自己的现场记录中提到这一点让我们十分吃惊。不过，我们还是很高兴能看到这些计划外的记录资料。

访问石头汤文化的商人代表则有着完全不同的感受。“乡村股份有限公司”小组表示，他们已经“完全摸清”石头人的底细了。他们认为，石头人“简单”“不成熟”“原始”。米歇尔认为，“我们的”名牌比石头人用作身份标识的手工项链专业多了。在大家的追问下，其中两位商人代表将石头人重视团体、忽视竞争这一特点归因于他们的落后及教育缺乏。在遭到质疑以后，他们承认自己的这个结论缺乏逻辑性，但仍然坚持自己的观点。以下摘自崔维斯的现场记录。

> 现在是时候去打探一下对方的情报了。我们几个是坐电梯去的，只有米歇尔一个人走楼梯。我们走进石头汤文化的教室，看到里面有四张桌子，其中三张周围各围坐着五个人，第四张桌子空无一人，想必是到我们那边去刺探情报了。我到处逛了逛，想先大体了解一下这个地方。其中一个小组在桌面上放了一台笔记本电脑，另一个小组的桌子上放着一个形状像猫的哨子。他们全都在玩纸牌，他们的纸牌看上去就是一副很普通的扑克牌。他们使用的语言是英语，但交谈的内容全都是关于他们的祖母和家人的，这点挺奇怪。他们玩的游戏似乎很简单，主持游戏的人（发牌者）会喊“一张牌”或者“两张牌”，然后翻开一张牌或者两张牌。发牌的人可以看着手里的牌选一张或者两张，也可以随机挑选，然后每

个人都要从自己手里的牌中抽出一张或者两张放在桌面上，但是不能看牌面。如果发牌的人翻开的是黑色或者红色的牌面，则必须给有黑色或者红色牌的人一枚金币，同时从没有黑色或红色牌的人那里拿回一枚金币。我认为，这个游戏根本不关注牌面的数字大小。玩牌的时候，他们会谈论自己的家人以及各种汤。我们觉得“汤”这个词一定是个代码，但我们不知道它具体指代什么。后来，一张桌子旁有人吹了声哨子，然后这张桌子旁所有人分成两组坐到其他两个桌子旁边，这样一来，一张桌子有七个人，另一张桌子有八个人。我观察的那张桌子有人开始播放海滩男孩那首单曲《美妙共振》，因为“还是听音乐更有趣”。打牌的人中有人脖子上挂着名牌，上面写着“菲比”，挂绳看起来像是麻绳，不过我没能凑上去看个清楚。每张桌子旁都有一个人戴着红色的项链，上面挂着一个红辣椒。我们几个讨论了一下，最后一致认为，戴辣椒项链的那个人就是组长。我们拍了一些照片，泰勒偷了一枚金币。我又观察了一段时间，想要印证一下我们的猜想是否正确。我觉得我们已经掌握了他们那里全部的游戏规则，因为本来也不是很难。总的来说，他们的文化比我们的普通多了，也很无聊。临走之前，他们的老师给我们拍了一张集体照，我们在九点整离开了那里。（崔维斯，公平贸易联盟，4 月 10 日）

出访者的自述与主人的描述契合度很高。石头汤族这边的人说不能与到访的商人互动让他们感到“伤心”和沮丧，因为“我们想让他们感觉到在这里是受欢迎的”。瑞秋注意到，出访的石头人从公平贸易联盟那里回来以后似乎一时不知道该如何重新融入自己的文化。他们围坐在角落处的一张桌子旁边，其他三个家族则聚集在教室前面。其中两个学生最后决定加入其他人，参与了做项链的集体活动，但是其他学生则一直坐在自己的桌子旁，和大家隔得较远，看起来十分孤单。瑞秋表示：“这么短暂的出访（不到 15 分钟）就能产生如此深远的影响，能够扰乱他们与其他人已经建立起来的关系，这真是个非常有趣的现象。”

菲比的报告说明了石头人如何在努力遵守游戏规则的同时注重保持其所在文化的精神：

> ……按照要求，我们不能把这里的游戏规则告诉来访的商人，因为他们必须通过自己的观察独立学会这些规则。要做到这一点很难，因为当商人观察员走进房间的时候，我们这边有一位姐妹错过了开场介绍，所以需要我们向她重复一遍。幸好商人并没有偷听我们的谈话内容。游戏开始之前，我们照例互相问候彼此的祖母。当我们自己的观察员从商人文化那边回来以后，他们说商人之间的互动就像是在赌场一样。他们的游戏规则有

点像“Go Fish”[1]，想要哪张牌就向对方要，如果对方手里没有就走开，嘴里还说着一些我们听不懂的话。据说，黛博拉就像出纳员，负责给大家分钱。他们的文化非常重视赚钱。

菲比在后来的现场记录中再次探讨了这个话题。

他们对商人文化的描述像是闹铃一样把我从沉睡中唤醒，迫使我去猜测他们的文化到底是什么样的。我们一致认为，他们的文化和我们的文化截然不同，差别之大就像是白天和黑夜一样。我不知道是不是能将他们的价值观运用到我们自己的文化中，也不知道像这样的互动对我们有什么用处。是不是说我们只需要简单了解一下就行了，然后就可以继续按照我们自己的日程做事？还是说我们应该将他们对金钱的热爱引入自己这种和平的文化中？一切看上去都很不明朗，但是能够多了解一些他们的逻辑规则还是让我感到兴奋。跟我们这边的语言相比，他们的暗语很难懂，游戏规则也比我们这种只

1Go Fish 是一种扑克游戏，玩家至少为两人，每个人抓四张牌。你可以向其他玩家要牌，也可以自己抓牌，总之要想办法将手中的牌配成对。如果你向其他玩家要牌，对方没有你想要的牌，就对你说“go fish”，那么你只能自己再去抓牌。Go Fish 可以理解为让你去抓牌碰运气。

> 有四张牌的游戏复杂得多。不知道是不是因为我们全都是外人，所以才会听不懂，才会让他们的语言和习俗看上去比我们自己的高级。这到底是因为我们信息有限而形成了人为的障碍，还是因为他们的互动本身就比我们的复杂？我想，谜底可能要等以后才能解开了。（菲比，石头汤，4 月 10 日）

此外我还发现，几乎所有的石头人都提到自己想要努力理解商人的言谈举止，想要与他们好好相处，但大部分公平贸易联盟的成员对石头汤文化的来访者却只字不提。即使在现场记录中提到石头人，也只是轻描淡写的一句“我们都不理他们”，或者认为他们“在我们交易的时候很碍事”。在实验的这个阶段，石头人努力地想要去理解商人的行为，想方设法地去和他们互动；而商人的态度则恰恰相反，其现场记录显示，他们对石头人及其文化毫无兴趣，他们只关注如何才能提高自己的交易语言表达能力、如何制定有效的交易策略，以及如何在交易游戏中打败其他人并取得成功。

成为“我们”

与公平贸易联盟的文化相比，石头汤文化提供了更多开放性对话和交谈的机会，而商人虽然更了解彼此的交易习惯及对待金钱的态度，却对彼此的生活或者个性知之甚少——几乎没有哪个商人能叫得出自己小组内所有成员的名字。与此相反的是，有几位石头人表示，他们和其他石头人交流的时间甚至超过了他们与身边亲朋好友的交流时间。彼此之间的这种熟悉也表现在他们的记录文字中，他们经常会提到组里其他成员也和他们自己一样（而这一点实际上是无法确定的）。

> 我觉得那间教室每次都变得更加舒适，团结的感觉每次都变得更加强烈。我每天都能感觉到和其他组员在友谊和互动的道路上又前进了一步。他们不再是以前那种意义上的同学，不再是上课坐在一起但从不互动、从不交谈的人。每个周二和周四与他们共度的那一个半小时都让我感受到和他们之间的那种纽带，我知道，这两天当时钟指向八点钟的时候，我就会成为那个群体的一分子，和那个房间里的其他人一样有共同的奋斗目标。我们是一个集体。（贝莉，石头汤，4 月 10 日）

> 作为石头汤文化的一分子，我绝对是爱上了它。石头汤文化让我们不在乎金钱，我们彼此关爱、相互尊重，我们觉得人比钱更加重要，我实在是太喜欢这样了。也许我们的社会看上去太过理想主义，但我们在一起的时光非常轻松愉快，我喜欢这一点。（阿玛拉，石头汤，4 月 10 日）

石头人经常提到其他石头人的想法和他们一样，也经常说“这种文化绝对适合我的性格”（实际上，刚开始的分组是随机的），而且通常都会详细解释组内其他成员是如何在某个议题上与自己持相同观点的。此外，石头人对商人的看法也日趋一致，对商人行为背后的价值观和动机持相同的（负面）看法。石头汤族的曼蒂在描述自己与商人的初次接触时这样写道：

> 我不想和他们说话，心里有点胆怯也有点困惑。我希望他们能让我有融入的感觉，但他们的攻击性和自私自利让我忍不住想要退避三舍。我觉得不太自在，于是就去找自己家族的人。看到丹尼斯的时候，我不禁大大地松了一口气。我们两个聊了一会儿，想弄清楚他们到底在玩什么游戏。（曼蒂，石头汤，4 月 10 日）

丹尼斯关于这次经历的记录清楚地显示出他对商人们的看法和曼蒂的一样。这次互动对设立内外群体界线有着十分深远的影响。

> 我有点迷糊，因为我完全搞不清楚他们在干什么。我习惯了用英语交流、习惯了无拘无束地大笑，没有任何压力。他们一门心思只想赢，根本无心关注他人的文化。他们的攻击性和全力以赴的样子让我感到紧张和沮丧。

> 我实在想不通，本以为他们会帮我们了解他们自己的文化，但他们却完全无视我们的存在。访问时间结束的时候，我真是大大地松了一口气。回来以后我真是太高兴了，我可以跟自己人一起分享我刚才的所见所闻，有种回家的感觉，既放松又安全。总之，我最大的感受就是，我和我的家族成员们一直都在一起，风雨同舟，我们会通过交流与合作解决一切问题。我们一致认为，能够加入石头汤文化实在是太幸运了。（丹尼斯，石头汤，4月10日）

没有一个商人在反思中提到过“集体团结”这个议题，他们讨论的主要内容都是公平贸易联盟的各项规定。布鲁诺说过，“公平贸易联盟的规则让我们能够积极争取自己想要的一切，而这恰好贴合了人的本性，至少非常符合我的个性。”这表明，与其说是群体在影响他们对自己和他人的判断，倒不如说是他们需要根据群体成员这一身份对自己所处的环境做出适当的反应。

到目前为止，学生的内外群体体验还都十分有限，但根据他们的记录显示，公平贸易联盟完全没受到石头汤文化的影响，对石头汤文化也没有半点儿兴趣，而石头人的反应则和他们刚好相反，尤其是拜访过公平贸易联盟的那个家族。他们明确地表达了自己的伤心和痛苦，这在他们族人的心中种下了担心甚至恐惧的种子。迈克教授和他们进行了简短的交流，他认为，石头人经历了文化冲击。

商人泰勒竟然在目的单纯的互访活动中从石头人那里偷走了一枚金币，这是我始料未及的。泰勒在离下课只有五分钟的时候主动坦白了自己的偷窃行为，对此我非常感激，因为这意味着我有足够的时间和同事们商量，之后再对此事做出回应。这次课后，我们有两天的时间来阅读学生们的现场记录，然后为下一步的行动制定相应的计划。很显然，目睹这一偷窃事件的几位石头人也不知道该怎么做，他们一直等泰勒和其他商人离开了石头汤文化的教室，然后思虑再三才报告了瑞秋，因为他们不想有人因此而惹上麻烦。泰勒对此事绘声绘色的描写和石头人的这种心情形成了鲜明的对比。

> 我觉得我们的社会绝对占据上风。我就是一个间谍，轻而易举地搞清了对方文化的底细。我甚至还从他们那里偷了一枚金币。跟我们的文化相比，他们的文化实在是太不成熟了。他们还说英语，我感觉他们并没有全身心地投入到这个项目中。我能在两个星期内彻底打败他们。（泰勒，公平贸易联盟，4 月 10 日）

有人偷东西啦！

快要下课的时候，“乡村股份有限公司”的泰勒拿出他从石头汤文化的教室里偷来的金币向大家炫耀，我当场被惊得目瞪口呆，不知道该说些什么才好。他所在的小组表示支持他的这一行为，其他小组刚开始没说什么，但随后就表示不赞同他的这种做法。最后大家一致认为，偷窃行为不符合公平贸易联盟的根本原则与道德。因为当时马上就要下课了，没有时间对这个议题展开深入讨论，于是我们决定下节课再继续讨论这个问题，之后再决定该如何处理有偷窃行为的人。

我们一开始就预计到会出现违规行为，事实上，我们非常希望看到有人违反规定，因为只有这样我们才能看到群体是如何制定、实施规则的。研究团队在实验项目开始之前就讨论过这个问题，我们打算让学生们自己制定群体内部的政策及惩罚措施，但当时，我们并没预料到会出现这种跨文化的犯罪行为。现在，我们一致认为，这是我们观察两个小组对棘手道德问题的不同处理方式的大好时机，于是，我和瑞秋决定下节课一开始就让两个小组讨论这个问题。

4 月 15 日：是偷窃还是出色地完成了侦察任务？

我和瑞秋上课后的第一件事就是处理上节课的偷窃事件。但是，在石头汤小组，我们之前的担心似乎全都是多余的。我们本以为石头人会愤怒、怨恨，会要求惩罚对方或者要求对方赔偿，至少会要求对方归还金币，结果他们根本就没把这件事当回事。瑞秋把描述偷窃行为的现场记录读给石头人听，他们安静地听完后一致表达了厌恶情绪，但同时也觉得小偷很可怜。“如果钱对他来说真有那么重要的话，那就让他留着金币吧，反正我们这里多的是。”然后这件事就结束了，他们对这个话题没什么好说的，很快就去讨论其他更重要的事情了，比如跳队列舞、做手工首饰，以及所有石头人最喜欢做的事情——吃零食。

和他们的淡定相反，我还没有提上节课有人偷东西这件事，商人们的情绪就已经十分高涨了（他们全都热切盼望着交易的开始）。听完我的介绍之后，教室里的气氛马上从热情高涨转为焦虑爆棚。上次，有几个商人在自己的现场记录中表达了对泰勒行为的不满，他们认为，偷窃行为有违公平贸易联盟关于诚信和公平交易的道德观。很多人要求制裁偷窃行为，甚至在自己的现场记录中提到要同时制裁一些欺诈行为，包括在规定的交易期之外私下进行交易以及在交易大厅使用英语等。

我大声朗读了几个学生现场记录中的相关文字，尽量做到平衡各方观点，然后让全体商人就此事进行集体讨论。开始的时候，大家你一言我一语地发表自己的看法，后来，极具竞争性的贝拉团队掌握了话语权。他们提议大家分别讨论三个不同的议题：（1）应该如何处理偷窃行为？（2）应该如何处理欺诈行为？（3）应该如何处理泰勒从石头汤文化那里偷来的金币？

泰勒的团队（乡村股份有限公司）马上开始为他辩护。米歇尔任命自己为泰勒的辩护律师，想尽各种理由为泰勒开脱，其团队的其他成员也表示，他们不相信有人会将泰勒的行为当作犯罪。他们说，拿走那枚硬币并不是偷窃，而是泰勒信息收集工作的一部分。泰勒把偷来的硬币交给了银行经理，这说明他不仅将硬币当作收集到的信息，还将其用途定义为“慈善事业”。其中一位团队成员还迅速补充道：“我们希望能展出这枚金币，让其他人也看一看石头人的货币是什么样子的。”此外他们还指出，我们也把公平贸易联盟的货币送给了来访的石头人，难道这一点不应该被考虑在内吗？

在自己的现场记录中，泰勒是这样回应“偷窃”这一指控的：

> 这本来不过是公平贸易联盟文化中一个非常普通的日子，但当我看到老师写在白板上的几个议题时，我震惊了。其中第一个议题是“欺诈与偷窃”，讨论的主要内容是我偷硬币的事。但那是我到石头汤文化那里刺探情报时从他们桌子上拿的，我只是想帮助我们的团队。所以，说实话，当听到别人说我应该为此而“接受审判”时，我还是很惊讶的。我不明白，为什么如此出色的侦察工作会落得个这样的下场。如果我做这件事情是为了自己的利益，那还容易理解一点。但是，我偷金币完全是出于无私的目的，而绝对不是为了个人的利益。然而，这件事竟然成为一个要讨论的问题，我还要接受所有人的质疑，对此我很是吃惊。（泰勒，公平贸易联盟，4月15日）

其他几个小组的成员并没有马上被说服，他们认为，来访的石头人带回去的货币是公平贸易联盟送给他们的，与泰勒不问自取的行为完全不是一回事。将本属于别人的货币偷偷地藏起来，然后未经许可就带回来……这就是偷窃。贝拉团队有两名组员提议将泰勒交给石头人，让他们酌情处理，毕竟他们才是受害者，而且犯罪地点也是在他们那边。这个提议一开始得到了一些人的附和，但是J2HAD团队的哈里抗议道："把泰勒交出去只会给我们惹来更大的麻烦，只会把这件事变成一个棘手的国际事件。这样一来，他们以后再也不会相信我们了。别忘了，我们下周还要和他们做生意呢。"

他这番话背后的动机非常明显：其他团队也在等待访问（和利用？）石头人的机会，他们肯定不希望有任何不愉快的事情妨碍他们和石头人之间的交往，所以，不少人发言表示支持，更多人点头表示赞同。这时，我告诉他们，其实已经有几个石头人看到了这一偷窃行为，但他们也不知道该如何处理这次违规行为。课堂上先是一片寂静，紧接着是一连串的叹气声。

关于到底应该将仲裁权交给谁这个问题，大家最终的决定是在公平贸易联盟内部进行处理，以免破坏两个文化族群之间刚刚萌芽的关系。最终，泰勒的行为被裁定为偷窃行为，而不是合法的侦察活动，违反了公平贸易联盟的行为准则，但同时，大家也认可泰勒这个案件中存在可以减轻罪责的情节。虽然大家无法宽恕泰勒的偷窃行为，但也无法对他进行处罚，因为在此之前，大家并未制定相关的条例和规定。银行经理赞同将偷来的这枚金币用于展示，不过他希望大家不要将其当作石头汤文化的代表物品，而是要将其视为遵守公平贸易联盟行为标准的警示和提醒[1]。

贝拉团队的瑞恩对此有以下的观察和阐释：

> 我们这边有个人从石头汤文化那边偷了一枚金币回来，这次的议题就是要不要惩罚这个人。他的团队（他个人的辩护团队）认为他不应该受到惩罚，因为他并不知道拿走一枚金币会让自己惹上麻烦，他只是想将金币带回来让我们看一下石头人所用的货币。所以，这只不过是一个无心之失，不论是他还是他所在的团队都不应受罚。最后，大家决定对他的偷窃行为不予处罚，因为他看上去确实很无辜，对金币的具体价值一无所知，而且他只是想让我们看看对方货币的样子。不过，詹的发言也很有道理，她认为，既然他偷的是石头人的东西，那就应该把他交给石头人，由石头人发落。况且黛博拉说过，石头人知道这件事，知道他拿走了一枚金币。关于这件事情，我们还讨论了另外一个问题，那就是到底

1 公平贸易联盟对偷窃行为进行分组讨论的时候，我注意到每个小组都有一个人代表自己的团队发言和参与辩论。米歇尔、萨姆、布鲁诺、艾莉自封为团队发言人，经常否决其他组员的意见或者禁止他们发声。贝拉团队的杰西卡和露丝均强烈认为石头人有权审判泰勒，因为犯罪地点是石头人的领地。但布鲁诺认为这种观点对自己不利，所以每当她们两个想要发言时都会被他压制下去。他们四个人的“领导地位”在整个文化模拟实验过程中一直存续着，甚至在项目结束以后仍可在课堂活动中看到。

> 应该把这枚金币还给石头人还是留下来当作纪念品或货币。我们最后的决定是：既然金币在我们手里，而且我们也把自己这边的货币送给了来访的石头人，那么应该将这枚金币留下来当纪念品，而且不得用于货币交换。（瑞恩，公平贸易联盟，4月15日）

在欺诈和最大限度的获利之间寻找平衡点

偷窃事件讨论完毕以后，我们还讨论了现场记录中提到的几种欺诈行为。有些商人（没有人愿意直接点名道姓）疑似在规定的交易时间以外从事交易活动，有些人在交易期间使用英语或违规手势。大家一致认为我们需要制订相关的规定和惩罚措施，以确保成员严格遵守规定。但问题是，交易语言中并没有哪个词汇可以用来指责他人违反公平贸易规定，交易大厅又不准使用英语。以下为哈里对这个问题讨论过程的记录：

> 我认为，今天最热烈的讨论莫过于如何惩罚欺诈行为这一问题，每个人都将受到影响，因为惩罚适用于所有人，尤其是“乡村股份有限公司”小组的某个成员。我们之所以会有这次讨论，全都是因为他（偷金币也是一种欺诈行为）。我建议，一旦发现欺诈行为，就收缴违法者的一张交易卡作为处罚（后来我自己在交易中说英语这一“欺诈”行为也被人发现了）。后来，我们进行了投票表

决，有五个学生赞成收缴交易卡作为惩罚，五个学生赞成关监狱，五个学生赞成罚款，五个学生赞成口头警告。我头一回感受到如此强烈地团队差异。有些人担心我们的文化太过透明，太过强调既定交易语言和手势的使用以及惩罚措施的严格执行，太过纠结于到底什么合法什么不合法（这些都让我如坐针毡，因为我自己就违反了很多规定）；有些人则只想保证交易活动的公平与公正（我再次如坐针毡，因为我一门心思只想赢，所有规定在我看来都不重要）。（哈里，公平贸易联盟，4 月 15 日）

布鲁诺在记录中表达出的情感较为复杂。他很有可能是所有学生中最具攻击性的商人，明确希望能有足够的措施保证交易的顺利进行。不过他对规定的遵守也并不是非常严格，也有不少自由发挥，采取更加严厉的规定必然会影响到他这种行事风格。他提出了一些建议，如在规定的交易时间前后允许小组内部成员之间进行交易。虽然他的小组（贝拉贸易公司）成员赞成他的提议，但热情并不是很高涨。相比之下，其他三个小组则完全不买账，最后否定了他的所有建议。尽管他的组员为了保持组内团结没有和他对着干，但他的能力还是受到了极大的制约。

总的来说，我们的文化想要回到最基本的那些东西上面，只允许使用巴法巴法体系所教授的词汇和身体语言，诚信机制是这套体系的基础。我不知道将来会怎样，也不知道会不会有人失去手里的交易卡。因为要更加严格地执行交易语言，我们团队上节课提出的“组内交易”这一建议没能得到采纳，对此我深表失望。喜欢也好，不喜欢也罢，严格执行规定确实能够保证人人享有平等的机会，能让我们的文化回归本质。但这样一来，我们就没有发挥创造性和个人独特性的空间了。希望联盟能够找到更多创造性的方法，让我们能更好地表达自己、拓展我们的语言。（布鲁诺，公平贸易联盟，4 月 15 日）

利用和沮丧

有关欺诈的讨论暂时告一段落，因为石头人即将来访并参与当天的交易活动，而在此之前，我们还有一项十分重要的任务。我把事先藏在桌子底下的一个装满现金的大铁盒搬了出来，然后郑重其事地打开盖子，发给每位商人 200 美元和一个装有新交易卡的信封，最后宣布交易活动即将“正式开始”，当天的收入将计入商人及其所属贸易公司的最终净资产。还没到交易时间，教室里的气氛便已经十分高涨了，所有商人都摩拳擦掌，准备大干一场。不过，这种兴奋的状态却被随后到访的石头人打断了，他们的到来也提醒 J2HAD 团队是时候去访问石头汤文化了。J2HAD 的组员们心情复杂，一方面，他们非常想“正式”投入交易活动，另一方面，他们又不想错过这个与石头人交流的大好机会，因为他们听说石头人手里有很多钱，而且他们并不把钱当回事。

这次的互访活动和上一次有所不同，因为我们开始鼓励他们积极参与对方的文化活动。我们给每位访问者都发放了一袋子当地货币和游戏卡牌，但并没有告诉他们该如何使用这些物品，只是让他们尽量自由地与对方互动和交流。

经过上个星期的练习，商人们已经知道某些交易卡（3和5）非常稀缺，因此，他们对这些有限资源的争夺已经达到白热化程度。当来访的石头人开始尝试与商人进行交易时，商人们发现石头人手中竟然掌握着大量的稀缺交易卡，于是一窝蜂地扑向来访的石头人。结果可想而知，石头人吓得全都缩在教室的一个角落里。当然，石头人也很快就猜到对方是想要自己手里的某些卡牌，但他们完全看不懂卡牌上那些凌乱的数字，更不知道哪些卡牌十分稀有、哪些卡牌很常见。而且，他们听不懂对方的交易语言，所以不知道对方到底想要哪些卡牌。最后，石头人干脆抱紧自己手里的卡牌，开始自己琢磨上面那些数字。

偶尔也会有一两个石头人鼓起勇气走到神经紧张的商人们中间，试着跟他们交谈："你祖母好吗？"结果商人们只会用交易语言冲他们大喊："哟！卡帕卡帕！（我想要黄4）"石头人根本就听不懂他们在说什么，当然更不知道该如何回答。结果商人们就会逼近他们一点，提高音量继续喊道："哟！卡帕卡帕！"发现对方始终没有回应，商人们干脆伸长脖子去看石头人手里的卡牌。这种情况下，石头人一般都会把手里的卡牌捂在胸口不让他们看，然后迅速回到自己人身边。而对商人们来说，时间就是金钱，他们会恨恨地摇摇头，然后快步走开，继续去别人那里找自己想要的交易卡。本来就已经十分沮丧的石头人和同伴一起站在角落里，脸上流露出更加困惑的神情。

像伊里奥特这样来访的石头人都知道商人们想利用他们，但却不知道为什么，也不知道对方想要的到底是什么，当然也就不知道应该采取什么样的措施来防止自己被对方利用。以下摘自伊里奥特的现场记录。

> 银行经理给了我们几个小信封，里面装着各种颜色的小卡片。有些商人围着我，但因为我是族宝，所以刚开始我并没有和他们说话。有个人想跟我交换卡片，嘴里“呀呀……咿咿……”地嘀咕着，就像野人一样，我也搞不懂他到底说了些什么。丹尼斯跟我们说过，绿色和红色的卡牌是最宝贵的，所以我没有交换这两种颜色的卡牌。弗雷德里克想验证一下丹尼斯的话，所以想用自己手里的红色卡片换对方手里的蓝色卡片。结果那个商人直勾勾地盯着弗雷德里克手里的卡片，一把抓过自己想要的卡牌，然后塞给弗雷德里克一张没用的牌。他们绝对是在占我们的便宜，因为我们对他们的游戏规则一无所知。（伊里奥特，石头汤，4 月 15 日）

商人们一门心思只想拿到自己想要的交易卡，将一切礼数都抛到了脑后。更让我们吃惊的是，他们明知自己行为粗鄙、恶劣，却对此没有任何歉意，甚至连借口都懒得找。安娜的记录文字形象地捕捉到了商人们交易时的心态，也生动地描绘了当时交易活动的疯狂程度。

那个外国佬咧着嘴笑容满面，他一遍又一遍地问我："你的祖母好吗？"我只能礼貌地看着他，问道："让！阿莫阿莫？"结果他一脸疑惑地看着我不说话。于是我转过身准备走开，突然发现另一个外国人站在我前面不远处，手里拿着一袋子卡牌，全部都是红色的！"太棒了！"我在心里默默地欢呼。我来不及跟刚才那个态度友好的石头人道别，直接冲了过去，激动地朝她大喊："让！阿莫阿莫？！？！"她歪了一下脑袋，看样子是想弄明白我到底在说什么。我赶紧重复了一遍自己刚才说过的话，她犹豫了一下，然后伸手从袋子里抓出来一大把交易卡。我激动地在心里大喊："这就对了！快把你的交易卡全都拿出来！！那里面肯定有红 4！"她举起一张卡，我用手势告诉她不是，然后重复一遍我想要的交易卡。她很快就猜到我做的手势是什么意思。最后，她终于举起了一张红 4！我睁大眼睛，嘴角忍不住向上翘起来，脸上不由自主地露出了笑容。我马上举起自己手里的黄 4，然后一把抢过她手里的红 4。她毫不犹豫地接过我给她的卡牌，然后我一路小跑去把手里配成套的交易卡兑现了。崭新的百元大钞到手之后，我清点了一下手里的交易卡，发现蓝色的居多，于是决定再把蓝色的配成一套。这一次，我还是想先去石头人那边碰碰运气，因为他们主要是来我们这里观察贸易文化的，所以跟他们做交易应该比较容易。我认为对他们来说，通过观察我的言谈举止来学习我们的游戏规则应该比交易本身更为重要。可惜这一次的进展并不顺利。当我最终只差一个数字就能凑成一套卡牌时，我看到角落里站着一个怯生生的外国人，我一眼就看到她手里拿着我想要的那张交易卡，于是我飞奔过去，大声问她："巴！阿莫阿？"结果她吓得整个人都贴到了墙上，就像是我威胁到她了似的。或许她把我的兴奋理解成带有攻击性的举止了。是不是很奇怪？（安娜，公平贸易联盟，4 月 15 日）

而石头人米兰妮的记录则明确表达了她和其他族人对石头汤文化中的纸牌游戏的喜爱之情，同时也因为无法让来访的商人体会到游戏的精妙之处而感到沮丧。

我们这里的纸牌游戏可以说是发展石头汤文化最有效的途径，其精妙之处就在于改变了普通纸牌游戏的目标：不是为了赢，而是为了参与。围绕纸牌游戏展开的对话以及围绕祖母讲述的故事，这些才是游戏真正的精髓所在。游戏的规则简单易学，能促使大家参与集体对话，当然，这并不是因为讲故事作为传统被石头人接纳，而是因为摸牌、与发牌人的牌面做比较、给出或者收取金币，所有这些活动都不需要玩家绞尽脑汁，而玩家在玩牌的同时有足够的精力参与聊天。我们需要让来自其他文化的人也能了解这个纸牌游戏的真正意图，在不直接告诉他们游戏规则的情况下，让他们自己弄清楚我们这个文化所推崇的价值观，这才是我们对外交流的主要任务。他们经常直截了当地问我们这个游戏应该怎么玩，但因为外国人访问我们的时候说英语，所以我们只能想其他办法引导他们参与我们的游戏。比如说，当外国人在玩纸牌游戏时问他们是不是赢了或者某张牌是不是很重要时，我们家族的成员就会突然沉默不语，因为他们的这些问题非常不合适，污染了我们之间的对话，况且无论如何最后的赢家都是我们的族长，所以，所有关于游戏细节的问题都是没有意义的。就算他们知道了所有的规则，他们也永远都无法理解“为什么”要这样。我很清楚这一点，因为他们打牌的时候只关心钱，不是死盯着桌上的金币看，就是急不可耐地一把接过我们递过去的钱，临走还不忘把桌子上的金币扒拉到自己的袋子里。当然，这并不是说来访的外国人对我们的文化缺乏尊重。在整个访问期间，他们跟我们聊天、跟我们一起欢笑，这些都表明他们的参与度很高。但我还是觉得，这次访问结束以后，这些访问者并没有意识到打牌这项活动的根本就在于参与本身。（米兰妮，石头汤，4月15日）

群外攻击第一波：折叠、穿线、肢解

回到石头汤文化的大本营以后，学生们表现得比之前任何一次都要活跃。更多的石头人愿意准时、甚至提前来到教室，然后急切地投入到项目活动中。但同时，他们开始抱怨商人们的粗鲁以及和他们打交道时的不快。第一次访问公平贸易联盟之后，石头人讨论过该如何处理他们带回来的货币。石头汤文化不需要金钱，因此，对石头人来说，商人们的这些货币顶多算是新鲜事物，或者是来自外国友人的馈赠，除此之外并没有什么真正的价值。大家讨论后一致认为，不应该就这样把它们扔到一边，而应该当作瞻贵的礼物好好展示一下，让商人们觉得石头人非常重视和感激他们的馈赠。杰米提议将这些货币做成首饰，这样不仅可以给石头人自己佩戴，还可以作为礼物回赠给商人。最终，他的提议被采纳了。大家用马克笔将钞票涂成各种颜色，然后折成戒指、做成手镯和项链，或者弄成羽毛状插在头饰上。刚开始，我和瑞秋只看到了表面现象，认为这是石头人做出的一种非常体贴的行为，充分反映出了他们更加重视善良而不是金钱的道德观念。但读了石头人的现场记录以后，我们发现这竟然是一种赤裸裸的攻击性行为。杰米的记录很好地表达了石头人的想法。

> 访问活动结束以后，我们收到了商人的礼物，那是一沓一美元的钞票，是商人文化中面额最小的钞票。瑞秋问我们打算如何处理这些钞票。我知道，商人们将他们的金钱视若詹宝，如果发现我们肆意摆弄这些钞票，他们一定会勃然大怒。因此，我提议大家玩得大一点，绝对不能就这么好好地把它们摆在那里。有人提议将这些钞票当作礼物再送给那些商人，最重要的是要将这些钞票蹂躏一番之后再送回去，用这种方式告诉他们，金钱对我们来说毫无价值。结果，送礼物这个环节演变成了一场装饰派对，所有人都开始在钞票上涂色，把钞票折成各种形状。我们小组用钞票做手工折纸，结果有个心灵手巧的家伙用一美元钞票折了个戒指，然后所有人都跟他要戒指，他最后变成了专门折钞票戒指的专家！后来，我们把戒指全都涂上了我们家族的颜色。有的家族还用挂名牌的绳子和钞票一起做成了耳环。反正做出来的东西越是不像商人的货币我们就越高兴。要是我的祖母能戴上这些首饰，她一定会非常漂亮。（杰米，石头汤，4 月 15 日）

所有石头人都全心全意地投入到了这项手工活动中，他们将公平贸易联盟的货币折叠、上色、穿线、撕成长条，制作成首饰、折纸青蛙、纸飞机，以及其他各种手工制品。表面上看来，这一活动秉承了勇于创造和慷慨大方的精神传统，而且大部分手工作品都作为礼物送给了来访的商人。但这项活动的本质却是石头人在蔑视和贬低商人最看重的东西，他们这是在以其社会规范认可的方式对商人的文化发起消极进攻。这很快成了一种固定模式：石头人将钞票做成艺术品，然后"天真无邪"地送给贪婪的商人；商人们假装高兴，连声道谢，然后转身就偷偷躲到一边，急急忙忙地把这些手工制品拆开、还原成货币。

巩固边界

正当石头人忙着做首饰并谈论着实际上并不存在的祖母时，公平贸易联盟的成员们则忙着改良自己的交易语言和手势，希望能在保证外人无法从中获取重要信息的情况下尽量提高交易效率。为此，他们想方设法地让交易语言变得更加难以破解。比如说，根据原来的规定，交易卡的颜色（红、绿、蓝、黄、橙、白）均用其英语单词的第一个字母来做声母，后面可随意添加韵母。但在具体实践中，大多数商人想要红、蓝、白三种颜色的时候都会选择韵母"a"，而想要黄、绿、橙三种颜色的时候总是会选择韵母"o"。这样一来，蓝色永远都是"巴"，白色永远都是"哇"，而黄色则永远都是"哟"，绿色永远都是"狗"。现在，他们需要格外注意这一点，尽量做到经常变换韵母，要蓝色卡牌的时候少说“巴”，多说“比”“波”“并”“被”“白”等。商人们当然知道只需留意前面的声母即可，但外人很有可能会以为不同的韵母代表不同的意思。他们沟通数字的时候也是这样，希望能让石头人一时半会儿摸不着头脑，尽量延长自己在交易游戏中占优势的时间。原来规定用下巴飞快地向下碰一下前胸表示“是”，但他们发现这个动作和平时使用的“点头称是”太过接近，所以，经过讨论，他们把动作改为用使劲眨眼表示“是”。

群外攻击第二波：我不是祖母，你才是祖母！

来访的石头人离开公平贸易联盟的教室以后没多久，出访的J2HAD团队也从石头汤那边回来了。我让出访的商人跟大家讲一下他们在石头人那里都学到了什么并要求他们尽量长话短说，因为我们还要在下课前再讨论一下欺诈行为这一话题。J2HAD团队成员认为，石头人的语言体系中有两个关键词，一个是“祖母”，一个是“汤”，听上去很像是密语或者代码，就像公平贸易联盟那些毫无意义的词语一样。以下是亚伦访问石头汤文化之后的感想。

我用半开玩笑的口气询问了他们祖母的近况以及在做什么好吃的，结果他们全都一本正经地回答了我，每个人都编出一个荒诞不经的故事。其中一个人说她祖母正在攀登珠穆朗玛峰，现在在那里的大本营暂歇，还描述了那里有多危险、有多少人死在爬山的路上等等。助教从旁边经过时，我们那桌有个学生问候了她的祖母，然后她就讲了一个更加离谱的故事。不过也有一些比较靠谱的故事，比如有个石头人（日本人）说自己的祖母住在日本的一个农场里，养了很多鸡之类的。他的故事听上去让人半信半疑，我无法判断这些故事的虚实，更不知道这些故事真正想说的到底是什么。不过我们都觉得，石头族很有可能是食人族，因为他们谈论汤的时候会说“咱们留亚伦吃饭吧”。（亚伦，公平贸易联盟，4月15日）

全班一致认同J2HAD团队的判断并提供了更多相关证据。正当学生们七嘴八舌、教室里一片闹哄哄的时候，哈里突然大喊道：“我有个主意！如果有人违反了规定，我们就用‘祖母’这个词来表示。虽然我不知道‘祖母’这个词在他们那里是什么意思，但肯定不会有‘欺诈’的意思。这肯定会让他们摸不着头脑！”结果就这么定下来了。如果有人想指责另外一个人违反了规定，可以用手指着违规者大喊一声“祖母”。大家的反应十分热烈，很快就商定了一条新的规定：如果被指控的人认为自己并没有违反规定，他们可以大喊一声“祖父”以示抗议。周围的人也可以加入进来，说“祖母”就是支持控方，说“祖父”就是支持辩方。

如果指控成立，违规者必须交给控方一张交易卡并向银行经理交 50 美元的罚款。

后来的实践证明，用“祖母”这个词来相互指责这一举动的攻击程度远比商人们起初想象的要强烈得多。刚开始，石头人只是按照要求习惯性地在各种活动中使用“祖母”这个词，他们只是将其用于培养和实现群体凝聚力这一特殊目标，并没有改变其传统含义。“你的祖母好吗？”是石头人传统的问候方式，分别时会祝对方的祖母健康长寿，交谈的时候会讲述自己祖母的故事。因为大家见面的时候总会问候对方的祖母，所以祖母自然就成了石头人故事里的核心人物。刚开始，这些故事通常都比较简单，但随着实验项目的推进，为了让讲故事这个环节变得更加有趣，关于祖母的故事也变得内容丰富、情节复杂起来。于是便逐渐出现了性情古怪的祖母到处冒险的故事情节，这让讲述变得更加有趣，同时也能让听众听得更加投入。

其实很多故事在一开始的时候都是真实的，学生们讲述的都是他们祖先的亲身经历。但后来的每一次重述都会增加一些新的内容，故事情节慢慢变得光怪陆离起来。有一位加拿大的祖母，前几节课还只是一名退休的小学老师，最后逐渐演变成一名住在森林公社的嬉皮士，每天唱歌、跳舞，“向全世界传递和平信号”。还有一个很有钱的中国祖母，第一周活动的时候还整天打高尔夫球、打麻将、打扑克，后来竟变成了一位强悍的女大亨，出售祖传的面条和牛尾汤秘方，所得收入全部用于打击当地的犯罪头目。

在所有故事中，最传奇的莫过于一位韩国祖母了。刚开始她还只是个会用草药为家人治病的老太太，后来摇身一变成了“魔药大师”，精通魔法，包治百病，而且每过一年就年轻一岁，但当退到 13 岁以后就又扭转了这一趋势，变成每过一年就年长一岁。就这样，她一直活到 666 岁，然后有一天，她对周围的人说她已经活够了，于是盘腿而坐，闭目死去。

石头汤文化对祖母这一角色的重视将学生们的课堂文化体验与其现实生活联系在一起，这种密切的联系是我们在实验项目开始之前不曾预料到的。此外，课堂上围绕着祖母杜撰出来的故事似乎也勾起了他们很多现实中的回忆。梅丽莎在她的一份现场记录中主动提供了以下信息：

> 我的祖母出生于香港，家境富裕，父母均接受过良好的教育。大学在美国就读的她，天资聪颖，举止优雅，深谙世事。身为家中长女，她对弟弟妹妹非常关爱，照顾有加。她为人宽厚，总是无条件地对别人好，不求回报；她富有同情心，几乎从不拒绝帮助别人，尤其是那些她深爱的人；她总是认为自己有义务保护家人，有责任处理所有的家庭和家族事务。祖母性格外向，重家庭。她总说，每个周日都是家庭日。因此，每到周末，我们家庭的所有成员都会聚到一起，中午去餐馆吃顿饭，下午再去看看电影或者去商场购购物、喝喝下午茶。闲暇时刻，

祖母经常和朋友一起出去打高尔夫球，有时也会邀请他们来自己家吃晚饭、打麻将或者打牌。她的生活总是那么多姿多彩，她的脸上总是挂满笑容。当然，偶尔也有例外的时候，那就是当她的亲朋好友因为金钱或人际关系之类的事情而烦恼时，她也会因此而不高兴。每当有人遇到只有金钱才能解决的问题时，祖母总会毫不犹豫地拿出自己的钱来帮助他们；每当有人因为人际关系而受伤时，她总会谆谆教导他们用一颗宽容的心看待一切。在我心目中，祖母就是天使。我非常爱她。（梅丽莎，石头汤，4 月 15 日）

石头人的祖母们几乎影响到石头汤文化的各个方面。大家一起分享的食物，不论是奥利奥饼干、苹果，还是墨西哥玉米片，都跟他们的祖母息息相关——要么是祖母亲手做的，要么是祖母（从东京、台湾、多伦多）寄来的；他们制作的手工制品全都是按照祖母以前的作品复制的；他们的歌曲和舞蹈（比如根据杰克逊的名曲“Beat It”编排的舞蹈）是祖母传下来的；他们纸牌游戏的规则是祖母制定的；他们恪守礼貌的社交互动原则也是因为祖母告诉他们必须这么做。

石头人竟能如此认真地对待这个实验项目，这着实让我们有些吃惊。赛勒在现场记录中表示，他有时甚至会将现实生活中的祖母形象和模拟活动中的祖母形象混为一谈。

> 我在这门课程上的另外一个收获是关于祖母的记忆。实际上，祖母在我很小的时候就过世了，我对她几乎一无所知。但是，听了石头汤文化其他成员对各自祖母的回忆和描述之后，我觉得自己的祖母可能也有同样的性格或经历。虽然他们讲述的故事有真有假，但听完之后，我开始根据这些信息在脑海里描绘自己祖母的模样。他们谈论自己的祖母并不会让我感到不舒服，因为我对祖母的记忆和他们的讲述息息相关。虽然大家的祖母有着不同的特点，但我相信她们一定有着很多的共性，比如说心地善良，再比如说深爱自己的子孙后代。我十分感激这些新的“家人”，因为他们通过分享自己的记忆帮我塑造出了自己祖母的形象。总之，当别人问我“你祖母好吗？”的时候，我不会再感到犹豫或者困惑，因为她的确在某个我触不到的地方，一切安好。她永远都活在我的心里。（赛勒，石头汤，4 月 17 日）

现如今，商人们也开始使用“祖母”这个词，他们为其赋予了完全不同的含义，让这个词有了新的生命。大家一致同意用“祖母”和“祖父”这两个词来进行指控和反指控。而且，这两个词传播迅速，很快便不再只局限于在有人违反规定时使用。他们的适用范围越来越广，可以用来表示各种各样的错误和违规行为。不论是项目联络人忘记当堂测试，还是有学生回答不出阅读材料的相关问题，或者是有人不小心碰到了电灯开关，都会有人冲他们喊“祖母”（有些学生在现场记录中将这个词缩写为“G”）。打翻饮料、把食物或者交易卡掉到地上，或者没有意识到交易时间截止，所有行为都会让你赢得“祖母”的称号。甚至有个男生上课迟到的时候也会自言自语道：“我真是个祖母。”

4月17日：泄密与谎言

因为既无法破解商人的语言代码也搞不懂公平贸易联盟交易游戏的规则，石头人变得越来越沮丧。鉴于多份现场记录中出现了求助申请，因此，石头人上课以后的第一件事就是将目前所知有关公平贸易联盟的全部信息集中在一起，看是否能够从中找到破解的线索。石头人经过讨论后一致认为，那个古怪的手臂姿势一定是“不”的意思。杰米把它叫作“抽风爵士乐手”，即将手臂平举，两肘向外，然后小臂下垂、晃动。此外，他们还知道了交易游戏的目标，那就是收集同一种颜色的卡牌，然后交给银行经理兑换成现金。不过，到商人那边访问的石头人曾经拿着同一种颜色的卡牌去找过银行经理，结果对方翻看了一下又把卡牌还了回来，说：“对不起，这套卡牌不完整。”所以，卡牌上的数字应该也很重要，大家嘱咐即将前往公平贸易联盟那边访问的石头人要格外留心这一点。

公平贸易联盟这边，商人们既没有打算帮石头人，也没有表现出对他们的欢迎。以下两段文字描述的就是两组间的这次互动，我们从中可以对石头人的处境有所了解。第一段文字来自商人萨姆，第二段文字来自想要和萨姆做交易的石头人弗雷德里克。

> 陌生人到来以后，交易游戏便可以开始了。交易大厅响起了铃声，有人大声宣布："交易大厅现在开市。"我像往常一样和别人做交易，不同的是，我对自己要做什么以及该怎么做变得更加自信了，对交易语言的使用也变得越发自然（哪怕又额外增加了"祖母"和"祖父"这两个词）。我知道蓝 5 非常稀缺，所以尽管手里的蓝色交易卡差不多集齐了，我也并没有把它们从信封里拿出来。（后来我才意识到自己应该把这些卡拿给陌生人看，否则他们根本不知道我想要蓝色的卡。）交易开始之前，我想起来自己手里有一大堆黄色和橙色的卡，这些卡牌根本就没有人想要。于是我举着一张橙色的卡去找那些陌生人，告诉他们我想要蓝色的卡。有个石头族的女生拿出了一张橙色的卡，我摆了摆胳膊，下意识地轻轻摇了摇头，嘴里重复道："巴！巴！"我很快意识到自己犯规了。这时，旁边有个商人大喊道"祖母！"不过我本能地回答道："祖父！"结果对方也没有坚持。后来我又不小心摇了摇头，另外一个商人马上大喊道"祖母！"这一次我不得不认罚，于是举起了手里的交易卡，她从中挑了一张蓝色的卡。（后来我才知道，她其实是

想说我违反了另外一条规定，但当时我们也没办法讨论。）我向另外一个石头人走去，她对我说："你祖母好吗？"结果我本能地回答道："祖父！"当时，杰西卡正好在旁边，于是也大叫一声"祖父"为我帮腔。我对她报以微笑。"祖母""祖父"这两个词能表达的意思实在是太多了。就在这时，铃声响了，本次交易期结束。（萨姆，公平贸易联盟，4月17日）

弗雷德里克对这次互动的描述如下：

我们来到商人文化的教室门口敲了敲门，我好像听到里面传来一阵铃声，应该是以此向大家宣布我们的到来吧。前来迎接我们的那个人看上去像是银行经理，因为她会根据一定数量的有色卡牌发钱给商人。我们家族的人有点紧张，所以尽量待在一起。他们使用特别的游戏语言，外人很难破译，不过我认为，这些听上去很特别的词汇中有些是问候语，有些是在表达不同的颜色，还有一种表示拒绝的手势。如果你手里没有对方想要的牌或者不想交换，就可以抬起双臂小臂下垂晃动。有个家伙老是举着一张橙色的卡牌在我面前晃，嘴里还大声叫着"巴巴巴"。我原以为他想要橙色的卡牌，结果他却想把自己手里那张橙色的卡给我，我猜不出他希望我

> 给他什么颜色的卡。当我们问候商人们的祖母时，他们的态度十分轻蔑，有一个商人还喊了一声“祖父”。我们谁都没有赚到钱，只是临走的时候收到了几张小面值的现金作为礼物。（弗雷德里克，石头汤，4 月 17 日）

与此同时，在楼上的教室里，石头族的成员们正千方百计地想要让来访的商人（“蓝宝石投资集团”）有宾至如归的感觉。他们拿出了自己的早餐给商人们享用，热情问候来访者的祖母，耐心倾听商人们磕磕巴巴的回答，努力做好主人的角色。然而，来自公平贸易联盟的客人们只想赶紧开始纸牌游戏，只想赶紧赢钱，所以对这些寒暄表现得心不在焉。纸牌游戏开始以后，石头人还是大手大脚的，似乎对金钱毫不在意，想给谁就给谁，谁想拿谁就可以拿。看着面前越积越多的财富，商人们全都欣喜若狂，但这并未能帮助他们对石头汤文化有进一步的认识和了解。

洛蕾塔的大嘴巴

商人路易丝和石头汤的太阳家族坐在一起玩纸牌游戏，刚落座就开始友好而执着地打听石头汤文化的内部消息。石头人洛蕾塔（经常迟到，我们现在才知道她错过了几次非常重要的开场介绍环节）高兴地回答了路易丝的所有问题（这些问题路易丝根本就不应该问，而洛蕾塔也绝对不应该回答），甚至还不问自答地主动提供了不少信息。坐在她们旁边的石头人听到只言片语之后意识到不妥，但当他们出声阻止时已经太迟了，不可弥补的损失已经造成了。以下是洛蕾塔关于这次事件的描述，字里行间充斥着深刻的悔意。

> 我必须先写这一部分，我想说，对于课堂上发生的事情，我真的感觉非常难受。之前我并未意识到问题的严重性，直到课后收到提示我们危险处境的群发邮件以后，我才意识到自己都干了些什么。我认真反思了一下，知道自己有些话的确不该说，但这全都是“沟通不畅”造成的。开会之前，我们在发放名牌和塑料袋，因为我的座位旁边有一大堆，所以坐得比较远的同学都在跟我要。我后来问了其他人才知道，大约就在那个时候，瑞秋在讲话中提到我们应该和商人进行互动和交流，但我并没有听见她说不要告诉商人有关我们文化的任何细节。所以后来，当我发现他们不会玩我们的游戏时，就把规则解释给他们听了。我记得听谁说过，未经批准，族宝不能与商人交谈，所以我在跟其中一个商人聊天的时候就告诉了她我们的族宝是谁，还告诉她不能跟族宝说话。于是她就问我为什么，我回答说因为族宝对我们来说非常特别，我们要保护他们。坐在我们这桌的两个女生看上去很不自在，现在想想可能当时她们就已经觉得不妥了，但我当时只是想让来访的商人感到舒服自在。

后来我问那个女生商人那边的文化到底是什么样的，还告诉她我听说金钱对商人们非常重要。她告诉我，在商人的文化中，财富是他们最渴望的东西，然后她问我石头汤文化是不是也一样。我告诉她，在石头汤文化里，过分追求财富是粗俗的表现，我们并不需要刻意追求财富，因为钱足够多，人人有份。然后她说她经常听到我们问候彼此的祖母，想知道这到底是怎么一回事。我觉得这并不是什么秘密，讲给她听也没什么关系，于是便告诉她我们问候对方的祖母其实是为了表示尊重。她接着问我问候祖母除了表示尊重以外还有没有其他什么重要的含义，我告诉她没有其他含义，我们只是非常敬重自己的祖先。我还告诉商人们，如果有人不遵守规定，我们就会给他们看带有人头的纸牌。我之所以会告诉他们这些，是因为我觉得他们对此颇感困惑。回想一下自己的表现，我发现虽然我的出发点是好的——只是想帮他们融入我们的文化，但我的行为却危害到了自己的家族和整个石头汤文化。因为我非常重视这门课程，因为课堂氛围给了我家的感觉，所以现在，我觉得自己做了世界上最糟糕的事情，我觉得对不起自己的家族，我很难过……我真的非常非常抱歉……（洛蕾塔，石头汤，4月17日）

从洛蕾塔那里问出石头汤文化所有秘密的正是来自公平贸易联盟的访问商人路易丝。关于这次事件，她的描述是这样的：

> 我们走进教室以后，瑞秋给了我们每人一个塑料袋，袋里有不少金币，还有五张扑克牌。我们分别加入到不同的石头人家族，围在桌边和他们一起玩游戏，也可以说是跟他们做交易。我所加入的那个石头人家族热烈地欢迎了我，并且问候了我的祖母。他们看上去都十分友好，非常欢迎我们的到来，还问我们假期过得怎么样，我猜他们是在问我对这次访问感觉如何。我发现他们把我们的钞票做成了首饰戴在身上，很显然，他们不像我们那样看重金钱。纸牌游戏开始之前，我问他们能否解释一下游戏规则，于是有个女生告诉我，先是其中一人翻开手里的一张牌，然后其他人各自都翻开一张牌，如果后面某个人翻出的颜色和第一个人的颜色一样，第一个人就要给这个人一枚金币，反之，如果后面某个人翻出的颜色和第一个人的不一样，这个人就要给第一个人一枚金币。玩牌的时候，他们向我打听商人的文化，问我们是否说英语。我告诉他们，我们只说商人语言，不说英语。（我很小心，不告诉他们商人语言的具体内容，也不告诉他们身体语言的秘密。）然后我打听了一下他们的文化。他们告诉我他们并不重视金钱，而是重视彼此之间的关系。他们说祖母在他们的文

化里十分重要，还说戴红色珠链的人叫“族宝”，族宝也十分重要。交易结束时，我手里只有一枚金币，所以我问刚才一起玩纸牌游戏的人能否再给我一些金币，结果他们随便抓了一把金币给我，足足有16枚。他们还给了我一些我们自己的钱。离开石头人的教室以后，我们回到了自己的教室，然后将刚才的所见所闻全都告诉了其他商人。（路易丝，公平贸易联盟，4月17日）

欺骗与背叛

目睹了这次事件经过的人在现场记录中的描述大同小异，石头汤文化的所有“秘密”几乎全部泄露给了公平贸易联盟。我的第一反应是沮丧，因为整个实验项目都建立在两种文化互不通气的前提之下，而现在，这一前提已经不复存在。阅读现场记录的时候，我找来迈克和瑞秋开了一个紧急会议，一门儿心思地想着如何才能弥补这一事件对实验、研究项目及这门课程造成的损失。当天晚上，我收到了“蓝宝石投资集团”一名成员（当天访问过石头汤文化）的电子邮件，我突然意识到，问题比起初想象中的更为复杂。这封电子邮件是杰德发来的，她在邮件中写道：

亲爱的威尔逊太太，您给我们上第一节课的时候说过，如果我们不想公开自己现场记录中的某些文字，可以把现场记录发到另外一个电子邮箱里。我不想公开今天的

现场记录，您能告诉我该发到哪里去吗？谢谢！杰德

杰德当时与商人路易丝和石头人洛蕾塔同桌，所以了解她们之间的所有谈话内容。当蓝宝石团队结束访问往回走时，路易丝在楼道里兴奋地和他们分享了自己刚刚获得的信息。当时，杰德也在场。当蓝宝石团队的成员们意识到自己几乎掌握了石头人的所有秘密以后，他们聚在两段楼梯中间的空地上，商量出了一个计划。他们认为，如果隐藏某些信息，再将剩下的信息稍作加工之后告诉其他商人，他们这个团队在今后的跨文化互动中就会占据绝对优势。杰德向我坦白说她自己和斯特拉（蓝宝石团队中最害羞的两名成员）不够勇敢，没有站出来反对其他人的意见。她特别提到，这个计划马上就得到团队中两名男生的支持，所以杰德和斯特拉只能保持沉默（心里感到十分痛苦），回到教室以后听任蓝宝石团队的其他成员讲述经过篡改的访问经历。以下文字摘自杰德的现场记录：

返回教室的路上，我们不禁感慨得到这些金币真是件轻而易举的事情。突然，有人说道："等一下，我们要告诉他们想要金币直接开口要就行吗？还是告诉他们想要金币只能靠打牌赢？"经过简短的讨论，另一个人说我们应该告诉他们直接开口要金币是一个禁忌。因为我得到的金币最少，所以他指着我说："我们就说她（杰

德）直接开口索要金币，结果惹恼了石头人，所以一枚金币都没有得到；而我们没有开口索要金币，反而被奖励了很多金币。”然后，路易丝提议我们不要把有关带红色项链的人的任何事情告诉别人。就这样，同一个文化内部出现了分裂和阴谋。

我们回到自己的教室以后，其他商人马上围过来打听我们探听到的消息。路易丝解释了石头人游戏的一些规则，绘声绘色地描述了纸牌游戏的一些细节，但她对“族宝”以及“祖母”却只字未提。她发言期间，萨姆简要地提到了直接向石头人索要金币是一种禁忌。但因为他没有着重强调这一点，所以计划周四出访石头人的那个组有人表示到时候会直接向石头人要金币。路易丝转身看了看我们，没有再说什么。我们也都没有说话。我不想说谎，所以大部分时间都保持沉默，只是简单地重复了一下纸牌游戏的规则。

我们这次的出访建立在第一组商人访问石头汤文化的经验基础之上，现在，为了能赢过其他小组，我们竟不惜篡改事实、操纵事态走向，这真是个有趣的现象，同时也让我感到伤心。真实的文化差异确实是存在的，但这种差异与信息携带者（信息阐释者）为个人利益而刻意制造的文化差异之间还是有差别的。（杰德，公平贸易联盟，4月17日）

第二天上午，我们三名研究人员开会讨论是否要为石头汤文化重新设计游戏和游戏规则，但同时，我们又很担心这样做会破坏石头人对自己文化的拥有感和归属感，这可是我们辛辛苦苦、好不容易才建立起来的。况且，实验进行到这个阶段再引进新的规则一定会损害石头人的士气，降低他们的积极性。经过深入的讨论和慎重的思考，我们提醒自己不要忘记最初的身份设定：我们只是观察者，我们的任务就是观察群体内部以及群体之间的交流过程和各种关系的发展。不论我们怎么选择，某些形式的交流和关系都会得到进一步的发展。最终，我们决定将这个问题交给学生自己去处理，先暂停跨文化交流活动，让两个组有时间进行内部讨论，然后再根据事态的发展来决定下一步的计划。

第三部分

自我辩护

石头汤实验
文化隔阂为什么如此顽固

关于“文化产物”和“自文化”

人类这一物种最突出的一个特点就是能够、同时也必须生活在一个被前人活动所改变的世界里。美国发展及比较心理学家迈克尔·托马塞洛（Michael Tomasello）在其专著《人类认知的文化起源》中将其称为“棘轮效应”。他认为，这些变化是由一代又一代的人通过人造物品这种形式积累起来的。“人造物品”或“文化产物”是一个包容性非常强的词汇，几乎没有什么东西不在其适用范围内。我们所创造的这个世界以及这个世界里所有的物质事物都是文化产物；前人一代一代传下来的思维方式与行为准则也属于文化产物的范畴。文化产物既可以是物质的，如摩天大楼、纸尿布、铅笔、电脑；也可以是非物质的，如语言、数学公式、宗教信仰。文化由历史流传下来的所有物质及非物质文化产物构成，且与历史存续的时间长短无关。这一文化遗产是我们与其他人以及我们所处的这个世界进行互动的工具箱。

苏联发展心理学家维果斯基（Lev Vygotsky）在《社会心理：高级心理过程的发展》中将以文化产物为介质的行为活动定义为“行为的文化习惯”，这一习惯让人类能够“从外部”进行自我规范。苏联神经心理学家鲁利亚（Alexander Romanovich Luria）指出，文化产物渗透于人类活动，不仅极大地改变了人类的生存条件，而且也促使人类本身和人类的心理状态发生相应的变化。我们用来解决问题的工具决定了我们的思维方式和行为方式，同时也影响到我们对解决方案的选择。

拿一个比较简单的例子来说，如果要解答一个长除法问题，我们除了要用到纸和笔以外，还要遵循一套固定的认知和操作程序，这套程序和用算盘做除法时所遵循的规则大有不同，而这两种方法和用计算器解答时也都不一样。新工具的出现总会引起思维方式的质变，我们的思想会从本质上发生改变。使用算盘的人和使用计算器的人对除法这一概念有不同的理解，这种差异改变了未来的学习轨道，进而改变了个人的发展轨道。我们最初学会的除法计算方法会对我们产生持久的影响，同时也会影响到我们对其他涉及长除法的问题的理解。

为了实现不断变化的目标，文化产物也在不断地发生变化。随着环境的变化，新的信息不断产生，新的行为方式也不断发展起来；新的知识产生新的文化产物并以这种经过修改的形式传递给同时代的其他人及子孙后代。鉴于文化产物的这一特性，社会文化人类学家詹姆斯·韦尔奇将其定义为“社会文化模式和知识的携带者”。

在创造文化产物的时候，人类心里往往都有特定的目的，表现在其行为和认知的设计规范上。还记得算盘吗？因此，心理控制源既不完全属于使用者，也不完全属于文化产物，而是在使用过程中不断变化着。使用者的意图指引着文化产物的使用；同时，文化产物的设计也指引着使用者的行为。文化产物并不一定会削弱或者增强使用者的能力，它改变的是任务的性质。

法国哲学家布鲁诺·拉图尔（Bruno Latour）指出，物体不仅能促成并表达社会互动，还能发起社会互动。他认为，人类的互动没有开始，也没有结束，我们生来就处于持续不间断的对话之中，这些对话历史悠久，是我们的祖先世代传承下来的。这些古老的声音以物质或非物质文化产物的形式渗透到当代的对话中。他以邮局为例对此进行了进一步的阐释。当拉图尔走进邮局去买邮票时，里面的柜台、挡板、门、墙、桌椅等都会影响到他和邮局工作人员之间的互动。他应该站在哪里、怎样排队、怎样隔着挡板和工作人员交谈、怎样通过固定的小槽把钱递进去、应该使用哪些词汇，以及应该注意哪些表达，所有的这些行为都是由邮局本身的物理特点所决定和规范的。

幼教专家薇薇安·佩利（Vivian Paley）在《男孩女孩：洋娃娃里的超级英雄》中提到了一个十分有趣的例子，论证了人造物品对人的行为举止的巨大影响力。佩利在书中讲述了自己在幼儿园工作的一个真实案例。有些小男孩精力过于旺盛，总是在教室里跑来跑去，严重影响到其他小朋友。于是，她拿来一卷胶带，把胶带粘在教室的地毯上画出了一条跑道，然后对孩子们说，他们可以在房间里跑，但只能在跑道上跑，在跑道以外的地方不能跑、只能走。没过多久，跑道就成了几个孩子最喜欢的地方。佩利说，有些孩子早晨一进教室便迫不及待地跑上跑道，连外套都顾不上脱，午餐盒也顾不上放好。地毯上的这条跑道对孩子们的吸引力实在是超乎想象，所以佩利后来不得不把跑道拆掉了。

美国认知心理学家哈钦斯（Ed Hutchins）认为，人类的思维就像一个生态系统，在这个系统里，人的认知以文化产物为介质与组织资源丰富的社会环境进行互动。因此，在我们的日常生活中，文化产物起着十分重要的协调作用。这些思维生态系统永远处于变化状态，这也就意味着，要想观察历史与未来之间的关联、文化结构和人类行动之间的联系，最好的方式就是参与以文化产物为介质的各项活动。我们正是出于这个目的才将大学生作为人类参与者引入石头汤这一研究项目。我们向他们提供的工具箱里全都是我们精心挑选出来的文化产物，目的就是将学生的活动限制在一个特定的社会环境中，而这个特定的社会环境本身又处于一个更大的组织资源生态系统中。

美国社会学家加里·亚伦·法恩（Gary Alan Fine）用“自文化”这个词汇来描述小规模群体内出现的文化形态（特定的物质和行为上的文化产物及其与人类的关系）。他认为，要想了解文化行为的延续与演变，就必须考虑这些行为对行为者具有什么样的意义。“自文化”是一个群体有意义的传统和文化产物；是一个群体的思想、行为、语言模式和物质实体，产生于集体性的有意识活动并在应对群体所面临的挑战时获得进一步的发展。需要特别指出的是，“自文化”这个词并非指构成一个文化群体的个体成员（虽然自文化只能通过群体成员的行为加以表现），而是该群体独特文化的总称。法恩以少年棒球联赛为例对此做出了明确而生动的解释。对一个球队来说，球员、教练和观众都不是固定的，球场的地点和设施会发生改变，队服和装备也会随着时间的变化而变化，就连比赛的规则也有商榷和修订的余地。对于一队球员来说，不变的是棒球比赛所使用的由实物和程序工具组成的一整套理想形式及思维和比赛方式。这就是一支少年棒球联赛球队的自文化。用法恩自己的话来说，“一个群体的成员发现他们拥有共同的经历，而这些共同的经历可以让他们得到其他成员的理解，进而为参与者创建现实的可能性。”

在我们的研究项目中，我们可以将文化模拟实验过程中发展起来的两种文化产物看作两种不同的自文化，将学生是否掌握了其所在自文化中特定的文化产物作为衡量他们是否适应其所在自文化的标准。换言之，当一个人能够和群体内其他成员顺畅地沟通、能够使用适当的语言并采取恰当的行为、能够有效地使用该群体的工具、能够用该群体的标准和道德阐释他人的行为，那么我们就可以认定这个人已经完全适应了该群体文化。

人类的行为很难为他人所了解，我们根本就无法得知社会互动中参与者心中的所思所想，但我们可以通过观察他们使用文化产物的方式进行合理推测。如果社会关系太过复杂或者模棱两可，我们有时可以将注意力集中在影响互动的文化产物上，关注这些文化产物如何被选择、如何被使用以及如何发生变化，这通常能够帮助我们更好地了解身边所发生的一切。

我们的实验项目进行到现在这个阶段，学生们已经完全掌握了手里的几件简单工具，学会了基本的活动流程，同时也对这些工具和流程进行了必要的修改以应对新的挑战。需要特别指出的是，这两种自文化并非凭空出现，而是研究者们根据他们身边现有的文化开发出来的文化“入门套餐”。石头人自文化和商人自文化均植根于较大的班级文化中，班级文化又处于大学文化及社会环境之中。接下来的实验中，经过拓展和演变，这两种自文化将发展成为混合性文化，显示出班级活动及两个群体内成员不同的文化背景对其造成的影响。

4 月 22 日：石头人召唤了一场龙卷风，商人不知所措

这一次，当公平贸易联盟的访客（贝拉贸易公司）走进石头汤文化的教室时，情况和之前大不一样了。这里没有热情的问候，没有石头人自己烘焙的美食，也没有欢快的音乐。之前每当商人走进教室时，那些天真无邪的石头人就会一窝蜂地围上来，然后叽叽喳喳地说个不停，而且动不动就大把大把地往商人兜里塞金币。但是这一天，教室里空空荡荡的，只有迈克教授一个人抱着笔记本电脑，孤零零地坐在角落里。（他会定期参加两个小组的文化活动，所以出现在教室里也不算太奇怪。）他看上去和来访的商人们一样困惑，不知道到底发生了什么事情。他说自己今天没有看到任何一个石头汤文化的人，然后指了指被用胶带粘在地板上的一幅手绘图画（上面画着一个热带小岛的景色）让他们看。迈克教授和商人们对着画研究了好一会儿，但始终没看出个所以然来，更无法推测出石头人为什么不来教室。最后，他对商

人们说："真是什么都看不出来啊，你们弄明白了以后别忘了告诉我一声。"说完便回办公室去了。

贝拉团队的人又在教室里逗留了一会儿，盼望着石头人的出现。但是并没有人来。最后，他们吃掉了自己带过来准备同石头人分享的橙子，然后回到了自己的地盘，结果发现其他商人也和他们一样困惑不解。交易大厅像往常一样准时开市，商人们准备迎接来自石头汤文化的访客，迫不及待地想要交换石头人手里异常詹贵的交易卡。但是并没有人来，这意味着公平贸易联盟当天的利润肯定会大幅下滑。

在校园的另外一幢楼里，石头人们正在召开秘密会议。用梅丽莎的话来说，他们是"跑到高地上躲避龙卷风"。实际上，这也是石头人的一次反思。上课前一天，瑞秋给每个石头人都发了一封电子邮件，邮件内容是这样的：

> 现在，外族人已经知道了石头汤文化的全部秘密、规则、传统以及游戏内容，我们的文化、我们的祖母及我们的文化遗产全都暴露无遗，这让我们变得无比脆弱。我们必须想办法保护自己。（瑞秋，石头汤，4 月 20 日）

这段文字后面跟着一个变更上课地点的通知，告诉石头人不要去原来的教室，而是去校园另一幢楼的某个房间集合。（公平贸易联盟并没有获得任何形式的特别通知。）于是，石头人在网上展开了热烈的讨论，其中一个石头家族决定在原来的教室里为第二天来访的商人留下一点线索。杰米写道：“我们没有书面语言，所以留了一张画给他们。画面上是一座小岛，岛上的居民因龙卷风的来袭而全体迁往高地去了。”我们从未跟石头人说过他们没有书面语言。事实上，他们手里有一本《石头汤文化大全》，里面有很多词条都是用英语写的，只不过他们与公平贸易联盟之间的交流从未采用过书面形式。这次，他们一致同意使用绘画这种形式给来访的商人留言。

石头人在秘密集会地点开会的时候，洛蕾塔家族的每一位成员都受到了来自其他石头人家族的白眼和指责，因为当洛蕾塔滔滔不绝地向外人泄露秘密时，他们就坐在旁边，但却没有出声，没有及时地出面阻拦。不过，这些责备和训斥很快就过去了，而且没有人说太重的话。大家一致认为，石头汤文化的一些活动和规定应该做出一些改变，以便让外人更难破解。但是，具体应该改变哪些规定呢？他们认为，石头汤文化原来的世界观不能变，他们应该继续保持热情好客、善良友好、重视沟通和交流的传统。

这节课剩下时间的主要任务便是设计新的游戏和新的交流方式。设计要求是必须遵循石头汤文化的价值观，但同时又不能让外人一眼就看透。最后，大家设计了几个新的纸牌游戏，提出了更加严格的“族宝”规定，将原来盛金币的罐子“埋了起来”，启用了新的货币制度。

石头汤文化游戏规则的最初设计中有一项通过出示特殊纸牌的方式来指责违规行为的规定。当玩家违反了石头汤文化的规定，被冒犯的一方就会停止说话并将一张“谴责扑克牌”举在违规者面前，几秒钟之后便转身离开。这项规定在第一次上课的时候就宣布了，但学生们并未将其付诸实践。现在，石头人终于开始认真对待这条规定了。他们商定用 J、Q 和 K 这三种牌来提醒其他玩家其行为违反了重要规定。石头人希望能通过这个措施来监管商人的行为举止，同时也能让自己的形象变得更加复杂。

虽然身处逆境，但石头人却出乎意料地兴奋和活跃，甚至显得很欢乐，这是之前课堂上从未有过的现象。瑞秋注意到，他们似乎变得更加亲密，更像是一个“有凝聚力的团体”，“散发出强烈的认同感，团结起来一致对外”。学生们的现场记录也进一步验证了她的想法。这是石头人首次遇到需要一起解决的切实问题，有了需要他们团结起来一起应对的敌人。比起之前只想成为一个温文尔雅的部落这种模糊不清的目标和定位，现在的任务则更具紧迫性和吸引力。以下是弗雷德里克对当天事件的回顾。

我们发现有个朋友将我们石头汤文化的秘密全都透露给了来访的商人。我不知道其他人对此有什么想法，我个人还是有点烦恼和不安的，原本那么清晰的界线竟然可以如此轻易地被打破。但是，我们是朋友，我们的族人足智多谋，定能很好地面对和处理所有的问题。因为我们自己的营地遭遇了“龙卷风”的侵袭，所以我们在另外一个安全的地方开会，这样可以让我们在不违反实验项目规定的前提下放心地讨论此事的解决方案。最后，我们决定用J、Q、K这三种牌规范纪律性，并且将原来使用的金币换成美国硬币的复制品。我们觉得这样可以让商人感到困惑，他们肯定想知道这两种货币之间在价值上有什么区别。当然，我们向来不在意金钱，所以到时候只会轻描淡写地告诉他们，这些货币只是礼物而已，这也是我们的文化与他们的文化之间最主要的区别。（弗雷德里克，石头汤，4月22日）

弗雷德里克和其他石头人的观点大同小异，他们都在现场记录中表达了对石头汤文化相似的认识和理解，同时还指出了每一个石头人所肩负的责任。丹尼斯认为，石头汤文化所推崇的个人品质全都和整个文化的特点息息相关、不可分割，比如说，友好善良和不重钱财就和石头汤文化中宽容大度这种道德标准密切相关。弗雷德里克对此也表示赞同。

我们用来描述石头汤文化的所有品质都彼此相关、相互兼容，比如说，团结、分享、理解、善良、爱心、重友谊、重传统。每个人都积极参与讨论，每个人都有很多好想法。这让我们在思考和行动上更像一个不可分割的集体，从而进一步促进合作、促进彼此之间的认同。我觉得，这项文化模拟活动已经证明了一点，那就是人可以在非常短的时间内凝聚成一个有机体，而这本身就很令人兴奋。（弗雷德里克，石头汤，4 月 22 日）

不过，正是这些核心品质和价值观（开放性以及缺乏攻击性）造成了石头汤文化的唯一问题——容易被外人利用。这一矛盾并非来自石头汤文化内部，而是来自石头人与商人之间的互动，结果成为阻碍石头汤文化前进的“第二十二条军规”[1]。任何旨在保护石头汤文化的生活方式不受外界侵犯的尝试，比如将金钱藏起来以及增加其活动的神秘感等，都将导致这些生活方式的改变，同时也违反了石头汤文化慷慨大方、公开透明的原则。在秘密会议上，石头人对此提出的解决方案就是遇到问题不能一概而论，要具体问题具体分析，对每个案例进行单独的讨论并提出具体的解决方案。大家一致认为，经常性地调整规则终将削弱石头汤文化最为詹视的一些传统，但是没有人能提出更好的解决办法。对此，米兰妮在自己的现场记录中有非常典型的描写。

---

1 源自美国著名黑色幽默派作家约瑟夫·海勒（Joseph Heller）的代表作《第二十二条军规》（Catch-22），原指某项法律、规则或实践上的一个悖论，不管你如何选择都会成为该法律条文的受害者，后泛指所有的两难境地。石头汤文化的本质就是与人为善、缺乏攻击性，这种对外不设防的做派很容易被外界利用，但如果对其加以修改就会动摇其文化根本，所以是个两难的选择。——译者注

我非常清楚石头人应该是什么样子的。我们热爱和平、尊重其他文化、愿意保护同伴，我们把团队成员的幸福看得比物质上的东西更重。开会的时候，我发现自己之前竟然忽略了我们文化中很多重要的方面，比如讲故事、玩纸牌游戏、我们的祖先、创造性、亲情和友情，还有生活中各种有趣的事情，这让我很惊讶。当别人分享这些的时候，我认真地倾听。他们的很多想法都和我一样，这让我松了一口气。这次会议和之前的模拟活动有很大的区别。之前通常都是先宣布规则，然后开始模拟活动。但这一次，我们作为成员不仅参与讨论了现有的规则，还有机会就如何修改这些规则发表看法。我非常喜欢这种变化，喜欢参与制定新的规则。我觉得自己应该更加积极主动一点，对某些问题的想法应该更加坚定一点。不过我也明白，过于针锋相对会与石头汤文化的精髓相左。会后经过认真的思考，我觉得我们对原有文化做出的这些改变意义重大。在整个模拟实验中，我们最大的问题就是不知道怎样才能做到在不解释活动规则的前提下与商人们进行互动。而我们之所以很难做到这一点，是因为我们的文化本身就强调沟通交流。所以，在我看来，造成这种困惑的根本原因就是我们很难在讲故事和解释我们行为方式这两者之间画定一条界线。（米兰妮，石头汤，4 月 22 日）

石头汤文化唯一没有商榷余地的一条行为准则就是要善待他人，就像赛勒在自己的现场记录中写的那样，“我们最终决定，不论如何都必须保留最重要的一点，那就是永远都要善待他人。”赛勒表示，这一道德标准在处理石头人之间的关系时尤为重要，而且在大家讨论石头汤文化价值观的时候进一步巩固了石头人之间的团结。石头人朱莉分享了她自己对这场危机的理解。

> 我们的回答全都一样：善良友好、思想开放、诚实正直、祖母和历史、身体接触、快乐有趣、族宝、分享、彼此坦诚相待。这次的龙卷风绝对让我们变得更加团结。每个人都积极发言，这在石头汤文化中也是第一次。不过，因为我们的观点不尽相同，因而很难做出最后的决定。但是，尽管我们意见不统一，也无法提出某个确定的解决方案，但我们觉得自己比以前任何时候都要强大。我们有一个共同的目标，那就是要分享我们的价值观，同时也要保护我们自己不受商人文化的影响。这次龙卷风事件表明，一个事件对文化的影响具有两面性，既有消极影响，也有积极影响。当我们的秘密被泄露给商人时，我们觉得自己受到了侵犯，毫无安全感可言。但是，我们并没有干坐在那里抱怨或者哭泣，我们将悲痛化成了力量。虽然这场龙卷风来得十分突然，但我们还是能共同面对问题、一起想办法解决问题，我们充分利用了

所有有利和不利因素，对石头汤文化进行了相应的修改。希望这些修改能让我们的文化朝着更好的方向发展。（朱莉，石头汤，4 月 22 日）

商人们的相互指责和自我反思

石头人新建立起来的友爱精神和公平贸易联盟内酝酿的不和谐形成了鲜明的对比。商人们之间的关系变得越来越紧张，随时随地都能听到愤怒和指责的声音。关于“石头人失踪那天”（哈里）的现场记录表明，两种文化对待违规行为的态度截然不同。在公平贸易联盟内部，没有人问“我们是谁？”或者“我们的核心价值观是什么？”这类问题，大家争论的焦点在于，到底是哪些商人的哪些行为激起了石头人如此大的反应，以及应该怎么做才能扭转目前的局面。因为所有人都情绪激动，教室里的声音越来越大，最后导致隔壁教室的老师专门跑过来要求我们小点声。

大家起先是相互指责（“她用五美元的钞票给你做了一条漂亮的手镯，但是你连戴都不戴，直接当着她的面拆开手镯放进自己的钱包里。”[安娜]），然后是自我忏悔（“我觉得自己和那位女生交易时非常没有礼貌，明明从她那里拿了两张卡，却只付了一张卡的钱。”[詹]）。很多学生都认为，石头人之所以觉得自己受到了冒犯，很有可能是因为公平贸易联盟对“祖母”一词缺乏尊重以及交易的时候太具有攻击性。但与此同时，他们也流露出了恼怒和不满的情绪（“我觉得他们不应该这样不告而别，事先连声招呼都不打一声。”“他们不能这样对我们，对不对？”“他们这样旷课是不是应该扣分？”［布鲁诺］）。

商人们绞尽脑汁想要搞清楚到底发生了什么以及应该如何应对当前的局面，大部分谈话都围绕着“祖母”这个关键词。

> 我们这才意识到，用“祖母”和“祖父”这两个词指责犯错的人本身就犯了一个很大的错误，因为这两个词在他们的文化里非常重要，我们这么用这两个词很有可能是对他们非常大的冒犯。（安娜，公平贸易联盟，4月15日）

> 我最新的想法就是，我们很可能冒犯到了他们，不是肢体上的冒犯，而是情感上的。我们对“祖母”这个词的使用可能真的伤害到了他们，因为他们非常重视自己的家族，所以无法忍受我们这么做。同时，这也进一步印证了我们之前对他们的判断，他们的确是一群“以家族为重的嬉皮士”。（哈里，公平贸易联盟，4月15日）

> 大家一开始都各持己见，但后来我们一致认为，一定是我们的某些行为冒犯到了他们……当有人使用违规手势时，我们会用“祖母”这个词来指责违规者，我们觉得，他们听到之后肯定以为我们是在取笑他们。石头

汤文化非常重视和尊重他们的祖母,所以,当我们大喊"祖母"的时候，他们一定会觉得我们不尊重他们和他们的家族成员。我们必须马上解决这个问题，希望他们能回来。所以，我们决定不再用"祖母"这个词指责违规者，而是用一个数字来指责那些犯规的人。如果有人用摇头表示"不"而不用规定的手势，对方就可以大声说出一个数字，比如"23"，然后从违规者手里拿走一张交易卡作为惩罚。（崔维斯，公平贸易联盟，4 月 15 日）

较为客观的外部视角

到目前为止，实验项目的讲述者均为深度参与模拟活动的各方，因此，做出判断的时候不可能不偏不倚，正所谓"当局者迷"。以下文字的作者是当天前来观察公平贸易联盟讨论活动的本科生伯纳德，他因为请了两周的病假，所以和两边的文化都没有关系。因为他错过了最初关键性的两个星期，我们不想让他中途加入任何一种文化，所以将他列为"中立观察员"，让他在两个组之间来回穿梭，认真观察，然后以旁观者的身份写现场记录。

我和公平贸易联盟的成员之间没有太多的互动。我不知道他们为什么会无视我，有可能是因为我既没有钱也没有卡，而且不会说他们的语言。前往石头汤族访问的那个小组很快就回来了，这很出人意料。他们找到了一张 20×30 厘米大小的图画，图画的内容是一群人坐在独木舟上向岸边划去，背景是群山绿树。他们认为，这幅画暗示石头人离开了自己的国家到别的地方去了，他们想要搞清楚到底是什么原因促使石头人离开了自己的地盘，因为石头人知道当天会有客人到访。有些人（商人）指出，石头人很有可能是觉得商人们态度粗鲁、没有礼貌。

那么，石头人到底觉得公平贸易联盟的哪些方面不好呢？之前石头人来访的时候，商人们并不是非常欢迎他们。虽然石头人手里有交易卡，但在语言上有很大的障碍，商人们经常会利用这一点强行拿走他们手里的交易卡。商人们不会和他们坐在一起闲聊天，因为时间就是金钱，而赚钱对商人来说非常非常重要。还有一个关键点是，他们觉得自己对“祖母”这个词的使用不当。商人们使用的语言属于表音类语言，因此，“祖母”这个词听起来确实像是在戏仿石头人的语言。况且他们还将“祖母”一词用于表达否定的含义，而石头人又那么喜欢谈论自己的祖母，这两种含义的冲突自然使两种文化之间的关系变得紧张起来。

有个拜访石头人后失望而归的商人大声喊道：“干脆跟他们打一架好了！”另外一个人则认为，还是要跟他们搞好关系，这样才能继续收到他们的礼物。这时，我的内心出现了两个声音，一个说：“你们真的是发自内心想要这么做吗？”另外一个声音说：“你们就是为了得到更多的财富才这么做吗？”我觉得，后面看他们的做法，就能知道他们到底是出于什么目的了。其他比较有意思的观点还包括在他们的文化中引入新的词汇和活动等。他们认为，“欢迎”这部分内容是最重要的，因为它奠定了基调。尽管公平贸易联盟的文化并不崇尚温暖与关爱，但为了维护与石头人之间的关系，他们愿意在下次互访的时候用拥抱来欢迎来访的石头人。

我认为，公平贸易联盟在文化上的演化符合达尔文的进化论。一开始，他们只想最大限度地获取利润，为此不惜剥削前来访问的石头人，甚至在去他们那里访问的时候直接开口要钱。但是现在，他们愿意花更多的时间欢迎石头人并与他们攀谈，同时，出访的时候也不会一心只想着钱，以便让自己看上去不那么自私。他们之所以做出这些改变，是为了更好地满足自己的需要。（伯纳德，外部观察员，4 月 22 日）

两种文化都在不断进化，不光符合达尔文的自然选择理论，还符合法国博物学家拉马克（Lamarkian）“用进废退”以及“获得性遗传”理论。由于课程结构的限制，这两种文化必须共处，而文化模拟实验项目是大学课程设置的一部分，因此，学生不能选择分道扬镳。当然，两个组里也没有人提议这么做。石头汤文化选择继续进行下去，但是更加团结、自我意识更强，同时也更加谨慎。为了保持与石头人之间的文明贸易关系，公平贸易联盟看上去像是在对自己的某些欲望和野心加以控制，但实际上，组织内部各成员的意见并不一致，有些商人呼吁用战争的形式解决问题。

尽管在一番自我反省之后，商人们决定对那些导致石头人疏离他们的行为加以控制，但后来他们发现，已经形成的习惯很难改变，尤其是对“祖母”这个词的使用。而且，这个词不仅得以保留，甚至还有愈演愈烈的趋势，已经不再仅仅局限在教室里。杰西卡在现场记录中这样写道：

> “祖母”这个词对我来说已经变得非常重要。我们专门就是否应该继续使用这个词组织了一场主题辩论，结果大家说个不停，一副乐在其中的样子。我甚至已经开始在教室以外的地方使用这个词了。前几天，我和朋友去书店，看到一本书的封面上用很大的字体写着“祖母”两个字，结果就开始咯咯傻笑起来，因为我脑子里的第一个念头就是“有人犯规了”，看到书的封面就好像有人在耳边扯着嗓子喊“祖母”一样。我朋友不明白我为什么会傻笑，我跟她解释完以后她也没发现这里面有什么好笑的地方。（杰西卡，公平贸易联盟，4 月 29 日）

有好几个学生都在现场记录中提到，他们会在课堂以外的地方不由自主地用到“祖母”这个词，这让他们身边的朋友倍感困惑。罗宾分享了自己现实生活中的一个“尴尬”事件，再次印证了商人们所形成的这个习惯是多么难以改变。

> 我简直不敢相信，自己竟然会一直想着这门课程，这个编造出来的文化对我来说竟然会变得像真的一样，而且有时候还会让事情变得很尴尬。昨天晚上，我和几个朋友一起去普莱斯中心吃东西，有个朋友老是偷吃我的薯条。放在平时我倒也不会太在意，可当时我实在是饿坏了，所以让他自己去买，可他还是来偷我的吃。当他吃完我最后一根薯条时，我实在忍不住了，于是冲他吼道：“你这个祖母！”所有人都哈哈大笑起来。后来，我跟他们解释了事情的原委，但我知道，他们根本不会理解的。（罗宾，公平贸易联盟，4 月 24 日）

阿尔弗莱德·安德森（Alfred Anderson）的研究表明，成功的团队比行动受挫的团队更具凝聚力。所以我原本以为，状况不断的石头人会因为互相控告与指责而破坏内部已有的和谐关系，而商人们则会因为暂时的胜利而更加团结。但是，结果却好像和我当初的预测有点背道而驰。

不过，我们的模拟文化的确比较符合谢里夫通过罗伯斯山洞实验总结出来的规律，即在任何竞争中，貌似占了上风的群体更加倾向于抢劫、损毁竞争对手的财产，更加倾向于抹黑、辱骂“失败的”一方。虽然我们的模拟文化项目并没有胜负输赢的机制，但是此刻，公平贸易联盟的成员确实有一种占据支配地位并对石头人采取威胁态度的想法。（恰恰相反，研究团队认为，此刻掌握主动权的其实是石头人一方，因为他们主动采取了措施，而商人们似乎很被动，只能惊慌失措地应对石头人的“突袭”。）

正如谢里夫曾经所预料的那样，商人们对石头人的讥讽和嘲笑愈演愈烈，懒惰、愚蠢、幼稚、无聊等词是他们提起石头人时经常使用的形容词。这些举动将会对两个文化内部以及文化之间的关系造成怎样的影响？研究团队对此既有些好奇又有点担心。

事后看起来，模拟文化出现这一违规行为绝对是件大好事，这主要体现在三个方面。首先，在这种紧迫的情况下，双方都被迫团结起来，重新调整内部联盟关系，进而巩固了群体内外的界线，而且所有行动都采取了肉眼可见的形式，极大地丰富了研究项目。其次，这一事件促使双方设计全新的活动，不再与最初的巴法巴法游戏流程捆绑在一起，出现了新的文化产物，原有的文化产物也得到了进一步的发展，为两种文化内部以及文化之间的自然（或非设定）互动提供了空间。最后，在泄密事件发生以后的重组期内，两个文化小组的学生（尤其是石头人）自发地进入了一个“元文化”阶段，明确提出了一系列新问题，比如作为这个文化群体的成员意味着什么、作为其他文化群体的成员会是什么样的、其他文化里的人对他们这个文化有什么样的看法，等等。不过，这些好处当时全都被担忧掩盖住了，因为我、瑞秋和迈克当时都十分紧张，不知道下一次的课堂上又会遇到什么样的“惊喜”。

4月24日：是和解还是第二轮冲突？

参与者对不同的模拟事件会有不同的看法和阐释，我们对此一直非常关注。通常情况下，至少会有十几个学生和研究人员描述同一个事件，但是每个人的描述都不尽相同，而且他们所提供的信息一般都难以完全吻合。我们将这些差异归因于参与者不同的思考模式。韦尔奇和布鲁纳在讨论社会组织与感知媒介的时候均使用了“叙事框架”这一概念。叙事框架属于社会构建，通过创建特定的态度或视角来赋予这个世界一定的秩序，而这就会导致某些阐释被肯定和采纳，而某些阐释则被抛弃。面对同一场景时，概念性的参照系通常会遮挡某些因素，同时将另外一些因素投射到意识里。这些框架来自生活的各个方面，经过内在化处理，在日常应用中不断得到巩固和强化。不同的叙事框架拥有明显不同的地位，有些占据主导地位，通过教会、学校、政治意识形态等机构和体系经过长时期的发展而形成和确立。相比之下，较小的框架则是在家庭、小群体、个人经验的基础上形成的，有可能在一段时间内得以存续，也有可能转瞬即逝。一般来说，较大的叙事框架是小框架形成的背景。我们在文化实验的重组阶段观察到，学生似乎从不同等级的社会语境中抽取不同的道德伦理框架，然后对其进行尝试，不合适就扔掉，然后再去尝试下一个，直到发现能够赋予其活动意义或者能让他们的行为更能被他人接受的那个叙事框架为止。

违规行为发生后，重新回到原来教室的石头人全都精神焕发。他们利用之前的几天时间做了充分的计划和部署，现在已经准备好以一个更加团结的集体去面对公平贸易联盟。但是，做好了准备并不意味着他们内心毫无顾虑，这一点在弗雷德里克的现场记录中有明确的体现。

> 真正让我感到困惑不解的是，每当我和其他家族成员想到要再次和来自其他文化的人打交道时，想到我们好像因此而有了相互提防的机制时，心里就会非常不舒服。此外，这次事件也十分关键，因为它证明我们能够在短时间内建立起群体认同感。实际上，石头汤文化实验这节课结束以后，有五六个石头人接下来还有一门课会一起上。我之前从来没有想过要跟谁一起去上课，可现在却不自觉地跟他们几个有说有笑地去上下一节课。对我来说，这种抱团现象很有趣，要知道，现在的大学生一般都会用 iPod 和手机把自己和周围的世界隔离开来。（弗雷德里克，石头汤，4 月 24 日）

与此相反，公平贸易联盟似乎沉浸在钩心斗角的内部矛盾中，很多人都在思考怎样才能安抚外国人的情绪（前提是石头人下次能照常出现，但商人们对此并没有任何把握）。但还有另外一些人（主要是那些损失了不少交易机会的人）却认为，需要采取更具攻击性的策略并付出更多的努力，争取在剩下的日子里赚到尽可能多的钱。

终于，石头人出现了，双方也进行了交易，但是看得出来，双方成员都有点不安，互动也稍显尴尬。这一次，他们的行为举止和之前相比都有了十分明显的变化，石头人变得更加小心警惕，知道保护自己了；而商人则变得小心翼翼，生怕再次冒犯到石头人。

米歇尔是公平贸易联盟里最成功的商人之一，她在下课前笑着承认这是她第一次放慢脚步看清楚了这些石头人的脸。她说自己之前甚至没有把他们当作人，她把自己全部的注意力都放在他们手里的交易卡上，一心只想着如何拿到他们手里的这些卡来配齐自己手里的卡。后来，她在自己的现场记录中提到了自己内心的沮丧，同时也表示，这是她第一次试着去理解石头人的行为。

今天，我发现和石头人做交易不像之前那么容易了，我觉得这是因为他们今天很积极地想要搞懂这个游戏，而且自以为已经弄懂了这个游戏的规则。这让我觉得有点难办，因为即使我发现他们手里有我想要的卡也无法顺利得到它，他们总是给我别的卡。如果我坚持的话，他们就会做出“不”的手势让我走开；即使我继续等在旁边跟他们要那张卡，他们还是会拒绝，因为他们觉得自己手里并没有我想要的卡。今天到我们这里来的石头人注意到了交易卡上那些像苹果一样的小黑点。他们的发现非常有趣，因为我之前从未注意到不同的交易卡上小黑点的数量也不同。比如说我想要一张黄3，其中一位石头人便会对他的同伴说：“她想要五个点的牌。”以前，我们想让他们做什么他们就会做什么，但是现在，他们的态度突然变得坚决起来，对交易卡也有了和以前不一样的看法，所以我们之间根本就没办法沟通，和他们做交易实在是太难了，而且也很让人沮丧。这里可能有两种情况，一种是他们自以为知道我想要哪张卡，实际上却毫无头绪，可我又不能用英语告诉他们我想要什么；一种是他们故意装傻，实际上是想从我这里得到更多的信息。我也不知道他们到底属于哪一种情况。上完今天这节课以后，我觉得挡在我们面前、妨碍我们成为卓越文化的不再只是语言，还有我们和石头人做交易的方式。我们无法达成相互理解的共识。在我看来，双方达成共识是一个无法实现的目标，因为我们全都害怕他们会搞清楚我们的游戏规则，然后把他们自己手里的卡全都配成套，换光我们银行里的钱。我们不能让他们搞

> 清楚我们的游戏规则。但如果不告诉他们的话，想从他们手里拿到我们想要的东西又会变得十分困难。（米歇尔，公平贸易联盟，4 月 24 日）

石头人杰米在现场记录里描述了同一件事，从石头人的角度提供了不同的感受体验，证明商人们的态度的确有所软化，但石头人已经不像从前那样天真和轻信他人了。

> 今天，龙卷风已经过去了。我们做课前小测验的时候，一张纸条在教室里传开了，纸条上写着“我们想念你们这些石头人”之类的话。刚开始我还以为是他们在开玩笑，因为上面还用蜡笔画着手拉手的小人。我们这个小组去商人那边的时候很警惕，不知道商人们会不会像以前一样冷漠地冲我们大喊“祖父”，然后缠着我们做交易。上次龙卷风事件以后，我们到别的地方躲了一节课，他们会因此改变态度吗？我们来到商人教室外面，走进教室的时候根本就没有人注意到我们的出现。我很大声地说：“我们来了！”可是依然没有任何人看我们一眼。后来，有个人看见了我们，但是马上就继续跟别的商人做交易去了。我们看着他们互相交换不同颜色的卡，一切看上去都很陌生，他们嘴里说出来的话好像没有任何意义，我一个字也听不懂。

为了充分感受商人们的文化，“枫叶”家族决定主动加入到他们的游戏中。没有人邀请我们，不过我们知道黛博拉是这里的出纳员，所以一起去找她，然后把我们的铜币和银币交给她。黛博拉看上去很高兴，但同时也显得有些困惑。她接受了我们的礼物，然后给我们每个人都发了一沓卡。卡牌一共有红、绿、橙、黄、白、蓝六种颜色，我们五个人先在内部做了一些交换，这样每个人手里的卡牌颜色都很平均。与此同时，我们时刻谨记着保护族宝的职责。准备好以后，我就开始去找商人了。这一次，商人们竟然也开始说英语了。我说了声“你好”，本来没指望会有人回应我，结果非常意外地听到有人回了我一声“你好”。于是我乘胜追击，问他的祖母怎么样，他说自己的祖母非常好。就这样，我们开始交易了。他说了个什么字，但我没有听懂。这样来回几次之后，我终于明白了，“哇”的意思就是白色，“热”指红色，“胳”指绿色。跟在指代颜色的字后面的那些字很有可能是指卡牌上小黑点或者苹果的数量。这个商人是想告诉我他需要哪张卡牌。他指着我手里一张牌面上有一个点的红色卡牌，想用自己手里一张有一个点的绿色卡牌交换。最后我们成交了！这是我今天做成的唯一一笔交易。

他们的友好态度着实让我很吃惊。他们看起来很真诚，试图帮我弄懂游戏规则。我不是很明白交易的前提条件到底是什么，因为点数相同但是颜色不同的两张卡有时并不能完成交换。他们会摆摆胳膊，然后转身离开。不过，我问候他们祖母的时候，并没有人冲我大喊“祖父”，也没有人表现出明显的敌意。这倒是让我大大地松了一口气！不过，有一个商人似乎非常急于交易，他非常投入，交易失败时会深深地叹口气，我猜他可能离成功不远了。对他们的游戏有了更多的了解之后，“枫叶”家族去看了看商人们摆放自己财产的那些桌子。每张桌子上都有信封，信封上分别写着“贝拉贸易公司”“蓝宝石投资集团”等。看到这些，我们突然意识到这可能是一个交易游戏，那些卡片可能并没有固定的价值，它们的价值可能只跟特定的公司有关。在这里，将每个小组团结在一起的不是亲属关系或者家族关系，而是一起赚钱这个目标。

黛博拉敲钟宣布当天的交易结束了。我们走到她身边，我把一叠绿色卡片交给她——之前来访问过的小组说绿色的卡牌最值钱，但她告诉我不能交易。于是，我从其他组员手里拿来更多的卡，然后把五张带有一个黑点的白卡交给她，但她还是说不行。我还不太清楚这到底是怎么一回事。虽然我以为我们已经离破解他们的语言更进一步了，但石头人和商人之间还是横着很多的谜团和障碍，不过，我们之间的距离已经大大缩小了。我们和商人道别，他们全都友好地跟我们说再见。他们非常有礼貌，也开始变得热衷交际！这真是一个巨大的变化啊！（杰米，石头汤，4 月 24 日）

与此相反，访问石头汤文化的商人们却受到了比以前稍显冷淡的接待。每一个石头人家族玩的纸牌游戏似乎都不一样，而且主人们在提供建议和信息方面也不再像以前那么主动和热情了。此外商人们还注意到，之前随处可见的大金币现在全都不见了，取而代之的是看上去没那么有吸引力的银币。不过，这些因素并没有让商人们有所收敛，他们还是像以前那样肆无忌惮地将银币揣进自己兜里。石头人看着这些“爱偷东西的商人”（杰夫），感到既可气又可笑，因为这些银币毫无价值，真正的财富早就被藏起来了。

我觉得，来自另一个文化的那些女生并没有弄明白这个游戏的重点，不过她们倒是知道我们并不是很在乎金钱。要离开的时候，有两个女生自行拿走了一大堆银币。估计她们以为银币和金币一样，最后肯定能换到什么值钱的东西。我觉得这种做法非常粗鲁、非常不礼貌，她们不问自取，连声招呼都不跟我们打。但因为我们的文化并不重视现金或者金币之类的财富，所以我也不应该太在乎，对不对？可是即便如此，她们的行为还是很不礼貌！对不起，我就是觉得她们是一群爱偷东西的商人！我觉得他们那边的文化是一个自相残杀、“人吃人”的世界，想要往上爬就需要不守规矩。如果他们的社会不那么关注物质财富就不会这样了！这就是为什么我更喜欢自己这边的文化，因为财富不是用金钱来衡量的，而是用我们与祖母（也就是我们的历史和文化基础）以及我们彼此之间的联系来衡量的。这里没有仇恨，只有开心与欢笑。（曼蒂，石头汤，4 月 24 日）

石头汤和公平贸易这两个文化群体之间关系调整的同时，其内部成员之间的关系也在发生变化。我们在交易互动中观察到的一个明显的例子就是公平贸易联盟内部几个亚裔女生的表现。实验项目开始以后没多久，韩裔女生杰德就跟我说过，她从未忘记自己的韩裔身份，班上其他几位韩裔女生也有同样的感觉。当然，第一周上课的时候我们就告诉全体学生，我们不会强迫他们做任何他们不想做的事情，不想做就直接说“不”，拒绝参加不会有任何不良后果。如果他们愿意，可以在现场记录中解释一下他们不参加的原因。杰德选择参加所有活动，然后在现场记录中详细描述了自己在兼顾课程要求和文化习惯时做出的努力。

我是土生土长的韩国人。韩国人向来重视社会和谐，行事细心体贴，往往无须一言便能猜到对方的需求。韩国人并不喜欢表现得太具攻击性、太过直截了当或太过急切地想要得到某个东西。我从一开始就觉得公平贸易联盟的文化和韩国的文化有冲突，这次文化模拟活动对我来说是一个巨大的文化挑战。（杰德，公平贸易联盟，4 月 22 日）

读了杰德的现场记录以后，我打电话问她感觉如何并告诉她如果这项活动和她的信念有冲突，千万不要勉强自己。她跟我说没事并在下一份现场记录中再次重申了这一点。

我在这门课上做的事情是我之前从没做过的。我从来都没有想过让自己像美国姑娘那样做事，但有时我真的很想试一试。现在，我终于知道更具攻击性甚至大声说话是什么感觉了。虽然我知道自己以后也不会变成这个样子，但还是很高兴能有机会去试一试。（杰德，公平贸易联盟，4 月 24 日）

斯特拉也面临同样的问题。刚开始，她觉得很伤心，因为她知道其他（男）组员不喜欢她在交易期间缩手缩脚的表现。“他们人很好，但他们一直强调每个人都要全力以赴地为蓝宝石团队的总成绩做贡献，说完还会看着我，确认我有没有听懂。我当然听懂了，可是我很难用美国人的方式去表达。”

开始几天，斯特拉和杰德大部分时间都是在和彼此做交易，这样可以让她们两个人感觉比较舒服，但这对她们个人财富的增加和她们所在小组总财富的增加并没有太大帮助。杰德曾经在现场记录中分析过自己和斯特拉早期的这些互动行为，她也不知道斯特拉这么做到底是出于友谊、团队精神，还是出于她们两个人共同拥有的韩国文化背景。

> 我第一次交易的对象是本组成员斯特拉。当时，她主动提出给我那张我需要的卡，而我只要把手里不需要的卡换给她就行，因为我手里实际上并没有她需要的卡。这是我第一次感受到团队精神和群体思维的存在。当时我觉得我们两个人拥有相同的价值观，都想为别人提供便利，避免不必要的竞争，维护社会的和谐关系。不过现在，我开始不那么确定了。我当时觉得我们两个人的想法一样是因为她给了我我想要的东西？还是因为我们属于同一个组？抑或是因为她和我一样都是韩国人？（杰德，公平贸易联盟，4月24日）

杰德和斯特拉均表示，对性别角色的传统看法让她们觉得班上的韩国男生会比她们更容易在交易活动中做出成绩。不过她们两个人非常聪明，很快便发现了一个问题：对优异成绩的渴望是不分性别的。想在学业上取得优异成绩这一目标很快便压过了保持娴静谦恭的仪态这一要求。在这一逻辑基础上，她们克服了自己内心的不适，开始不断向外拓展礼貌行为的界限。她们愿意走出自己的“舒适区”，愿意全心全意地投入本质上十分无礼的交易行为，这一点非常了不起。我原本打算给她们评分的时候有所偏向，结果证明我根本就不需要这么做，因为她们不仅积极投入交易，而且很快就成为所有人不可小觑的竞争对手。

杰德和斯特拉找到理由投入竞争性很强的交易活动以后，她们在交易文化中便自然而然地拥有了圈内人的身份，这让她们得以站在局外人的角度审视自己的韩国文化。对此，杰德有以下的感悟。

> 因为公平贸易联盟的文化和我们祖国的文化非常不同，我的第一反应就是拒绝接受交易规则，由此产生了两种不同价值观之间的矛盾。但是，当我因为祖国的文化而“本能地”拒绝接受公平贸易联盟文化的价值观时，理性却告诉我，遵守公平贸易联盟的价值观并通过高效率的交易获取最大利润，这才是我应该做的。我觉得自己必须在交易上做出成绩，因为这肯定会被计入我这门课程的最终成绩中，而韩国的文化非常重视教育。在这个过程中，我对自己的价值观产生了怀疑，于是开始重新评估自己原来的文化。很明显，有些东西是自相矛盾

的，比如说，我们的文化既要求女性安静平和、恪守礼貌，又要求我们在学校取得优异的成绩。（杰德，公平贸易联盟，4 月 24 日）

班上同为韩国人的布鲁诺却像一条凶猛的鲨鱼。他毛遂自荐担任小组长，是最具攻击性交易行为的代言人，而且，对于公平贸易联盟的相关事务，他会直言不讳地发表自己的看法。他的现场记录篇幅很长，措辞慷慨激昂，从交易政策到如何选择甜甜圈，事无巨细地表达了自己在各个问题上的观点。鉴于他自负的表现，我本以为他不会注意到杰德和斯特拉，所以看到他在现场记录中提到这个问题时还是有点吃惊的。

我一直认为，从韩国文化到美国文化的转变，女性遇到的困难要比男性更大。坦白说，剥削利用石头人对我来说一点困难都没有，如果能赚更多的钱，就算是占其他贸易小组的便宜也没问题。但是，我对贝拉组的感觉有点不一样，我希望他们能赢，只是别比我赢得多就行。我觉得韩国商人和美国商人一样富有攻击性，他们没准儿更腐败。而且，韩国商界也有不少“女强人”。不过我估计现在的小姑娘都不希望自己长大以后变成女强人吧。我也不知道，说不定她们很乐意成为女强人，那也不是没有可能的。（布鲁诺，公平贸易联盟，4 月 24 日）

再给我们一次机会！

龙卷风事件之后的第一个交易日，商人们一致同意让贝拉团队再去拜访石头人一次，以弥补他们上次拜访空手而归的损失。而乡村股份有限公司也一直要求再给他们组一次拜访机会，因为他们是第一个被派往石头人部落的小组，当时规定他们只能观察而不能与石头人进行互动，所以他们失去了赚取外汇的唯一机会，这导致他们在收入方面远远落后于其他几个小组，他们对此非常愤怒。乡村股份有限公司向公平贸易联盟指出这个问题，大家对他们的境遇深表理解，本着公平贸易的精神和原则，最后大家一致同意将交易期延长一天，再给他们一次机会。

4 月 29 日：道德清算与文化联姻

实验第九天是双方的最后一次互访。自龙卷风事件以后，石头人很明显变得比之前放松，而商人们的脸上也再次出现了那种“来跟我做交易吧”的笑容。在公平贸易联盟的领地上一切如常，石头人仍在想办法弄明白商人的语言和交易规则，而商人们则急切地想利用好最后这次机会，从石头人手里拿到最詹贵的交易卡。不过总的来说，气氛和之前非常不一样，看起来十分轻松愉快。而楼上的石头汤教室里更是充满了欢乐的节日气氛，甚至在房间的一个角落里举行了一场跨文化婚礼！在这场即兴婚礼中，公平贸易联盟和石头汤之间发展起来的临时性交易体系出现了很多新的复杂情况。

婚礼的起源和经过在当时看上去非常平常，甚至有点不起眼，新郎丹尼斯在当天的现场记录里甚至都没有提起过这件事。但后来，在其他学生对这件事情的复述中，婚礼变得越来越重要，两种不同的文化对它的阐释非常有趣也非常复杂。新娘罗宾告诉其他同去的商人（她在自己的现场记录里也没有提过此事），她看到有个石头族男生（当时她还不知道对方的名字）头上戴着一个用公平贸易联盟那边的钱做成的“羽毛”发带，于是走过去夸他手真巧，竟然能做出这么漂亮的东西来，然后问他能不能给自己也做一个……不过希望他不要用一美元的钞票做，而是用 50 美元的钞票做。对方想都没想就一口答应下来，很快便做好了一个一模一样的发带，然后骄傲地放在她头上。有人拿出相机为他们两个拍了几张照片，这让罗宾很高兴，摆出各种姿势，还告诉大家她刚和（“对不起，你叫什么来着？丹尼斯？哦，你好，丹尼斯！”）丹尼斯喜结连理。当时在场的人对该事件的描述也全都大同小异，并没有太当一回事。但是，这一事件慢慢在整个班级传开，有些学生开始思考，不同的声音开始出现了。

> 我听到身后传来一阵笑声，转身看到有个男生正往罗宾头上放头饰之类的东西，那东西是用钞票和绳子编成的，那个人自己头上也戴着一个一模一样的。于是我大声喊道：“你们结婚了！”然后掏出手机给他们拍照。我分别拍了头饰、“新娘”以及“新婚夫妇”的合影。

15 分钟后，我们该离开了。石头人让我们带上打牌赢的钱，还给了我们一大堆珠宝首饰什么的，我们愉快地接受了（并且自己动手拿了不少银币），然后下楼回到公平贸易联盟的教室。我们告诉其他几个小组，石头人非常大方，给了我们很多钱，希望他们下次去的时候一定要好好利用我们的这个经验。然后我们还说了婚礼的事，所有人都哈哈大笑。（艾丽，罗宾的队友，公平贸易联盟，4 月 29 日）

很显然，我们这边有个女生跟那边的人结婚了，这是一个全新的仪式，我们之前谁都没有见过。她回来的时候头上戴着一顶王冠，情绪十分高涨，所以我猜婚礼一定非常好玩。不过我关注的重点是，他们说能从石头人那里拿到很多很多的钱，甚至可以开口跟他们要用钞票做成的首饰。虽然做过首饰的钞票会有些破损，但他们说破了的钱也是钱。这一点倒是很有趣，我可能也应该这么想。不过事后再仔细一想，他们见证了那么漂亮的婚礼，但所有人的注意力居然还是放在钱上，放在如何赢上。每周仅有的两次课居然对我们的思维方式产生了那么大的影响。或许是因为课程结束以后会有奖励，亦或许是因为我们全都陷进去了，反正这门课程确实对我们产生了很大的影响。我很好奇，不知道石头人那边是不是也像我们这样，对这个游戏和自己的文化（很有可能是更重视家庭和社会，而不是金钱和财富）无比投入。（萨姆，公平贸易联盟，4 月 29 日）

得知商人和我们一起用钞票做折纸手工的目的就是为了把这些钱再要回去，我真的是特别特别吃惊！她们来我们这里做客时，我真以为她们做折纸手工完全是出于喜欢，所以我才想亲手做一些给她们带回去。我还以为她们不在自己的文化氛围里就会有所改变呢，现在看来是我想错了。她们甚至不惜以举行婚礼的名义把一个用钞票做的头饰搞到手，结果一拿到手就马上拆掉变成钱。她们就连到我们这里来度假时也没放下自己那种贪婪的文化观念。（贾思敏，丹尼斯的家族成员，石头汤，4 月 29 日）

虽然有好几份现场记录中都提到了新娘对婚礼的描述，但新娘自己的现场记录中却既没有提到丹尼斯，也没有提到婚礼，只重点关注了石头人用钞票做手工艺品这件事。

到目前为止，我对他们的游戏关注甚少，我更关注自己怎样才能参与他们的文化。我注意到石头人喜欢用钱做出各种漂亮的东西。其中一个人做了一只青蛙，另一个人折了一只乌龟，还有人能把钞票折成手镯。我们组离开石头人往回走的时候，所有组员都在讨论我脑袋上顶着多少钱，既不关心我是怎么得到这个物品的，也不关心我是从谁那里得到的，他们只关心它是用多少钱做成的，然后对我说："天哪，罗宾，你脑袋上顶着一笔巨款啊。"其实我不是很在乎钱，否则我就会把它从我脑袋上拿下来，然后数一数里面到底有多少钱了。相比之下，我更想好好了解一下他们的文化。（罗宾，公平贸易联盟，4 月 29 日）

这一天的现场记录内容丰富、话题广泛。学生已经习惯了在晚上将当天课堂上发生的事情以及面临的挑战记录下来。鉴于当天发生的事件富有争议性，学生都借此机会思考了自己在课上遇到的道德困境。

石头汤文化的大部分学生都在记录中提到，他们已经与同伴建立起了更加密切的关系，他们将其归因于石头汤文化重视人际关系以及提供机会让他们发展人际关系的传统。同时，他们也担心自己无法逃过公平贸易联盟成员的利用。原来的两难境地依然存在：石头人最宝贵的文化传统是开放、友好、不着眼于竞争，但正是这些品质让他们在面对商人极具攻击性的行为面前束手无策。就如何解决这一问题的讨论从未停止过，但是，用石头人曼蒂的话来说，每次讨论的结果都会让石头人"沮丧地认识到我们精心培育的文化前景不妙"。她还表示：

关于如何保护自己，我们根本就没有办法表达自己的不同意见，因为按照石头汤文化的要求，不管别人说什么，我们都必须礼貌倾听，然后全力支持。虽然这样很好，但这实际上也导致我们做不成任何事情，只要是复杂一点的问题，我们都没有办法组织集体讨论。（曼蒂，石头汤，4月29日）

关于被商人剥削和利用这件事，有些石头人认为“塞翁失马，焉知非福”（赛勒）？在逆境中，他们能够变得更加团结、更有文化自豪感。他们将旷课重组的那一天视为石头人团结起来的转折点。我尤其喜欢米兰妮在现场记录中的一段话（见下文），她将石头人对公平贸易文化的态度总结为“既有爱又有戒心”。

我们一起度过了很多艰难的时刻，总的来说，现在的课堂气氛非常舒适愉悦，大部分活动似乎都进展得非常顺利，交谈的时候没有尴尬也没有紧张。现在看来，我们的文化已经不再是一群独立存在的个体机械地聚在教室里，而是一个有机的整体。如果课堂上突然变得安静起来，这并不是因为大家感到不自在，而很可能只是因为大家都累了或者手头上有事情要忙。

我们现在对另外一个文化的态度是既有爱又有戒心，这一点很有趣，而且我觉得我们有充分的理由保持这种戒心。我本来也是将外国人当作自己的兄弟姐妹，我们爱他们，但他们有时会做出一些不恰当的行为，所以需要有人对他们进行监管。去参观他们那边的文化时，我总感觉有些筋疲力尽，但一回到自己的文化我就感觉非常高兴，因为我知道，我在这里是受欢迎的，别人会善待我、尊重我。我觉得商人也注意到了这一点，因为他们离开自己的文化以后看上去像是变了个人，态度非常友好。从这一点上来说，我们在很多方面都要感谢另外一个文化。因为如果没有他们，我们就不会对自己有这么深入的了解，也不会停下脚步好好想一想哪些是重要的、哪些是不重要的、哪些需要保留，以及哪些需要做出改变才能让我们不再那么透明、不再被外人一眼就能看穿。（米兰妮，石头汤，4 月 29 日）

杰米在自己的期中反思报告中表示，如果将外国人当作一个群体，他们既陌生又令人望而生畏。不过，随着她对这个群体的了解越来越多，杰米发现了自己和他们的一些共同点，和他们的相处也越来越舒服。她在文章中还试着通过了解对方的文化来定义自己的文化。

听着他们讲述公平贸易联盟那边的文化（同时还要保持着我们自己文化中善良友好及不为金钱所动的态

> 度），我已经预想到这两种截然不同的文化碰撞之后将会出现什么样的戏剧性场面。当我们问候他们的祖母时，他们觉得很不舒服，预期中的戏剧性场面变成了活生生的现实。他们把我们当成不懂事的小孩，用一种居高临下的态度对待我们，身为加州大学圣地亚哥分校的大学生，我很想对他们进行反击。我承认，刚开始，要想做到石头人的那种平和有点困难。但是后来，当我看到他们绝望地想要在纸牌游戏中赢我们，甚至还偷我们的钱时，我内心的熊熊怒火变成了深深的怜悯，这时我才开始意识到我对自己的文化有多感激和认同。后来发生的泄密事件则进一步强化了我内心对石头汤文化的认同感，它让我明白了身为这个文化的一分子到底意味着什么。
> （杰米，石头汤，期中反思）

与此同时，商人们正在思考另外一些和石头人完全不同的问题。之前石头人曾经利用一节课的时间进行了总结和反思，商人们没有这样的机会，但现在，他们也开始认真思考自己的文化。以前，他们和外国人打交道的时候喜欢采取简单、片面的态度和方法，而现在，他们开始进行深入地挖掘，试图进一步理解自己以及对方的文化行为和逻辑。久子此前交上来的大部分现场记录都很简短，内容也流于表面，但这一天她却长篇大论地讨论起商人们为什么不吃甜甜圈了，然后还详细地描写了当天课堂上发生的其他事情。

今天大家都没怎么吃甜甜圈。我喜欢甜甜圈，每次都吃不够。但有很多人碰都不碰，我不想让人觉得我很贪婪，所以再去拿的时候就有点犹豫。我不知道他们到底是真的不想吃，还是和我一样在假装不贪心。我印象中的美国人[1]应该是喜欢吃，而且只要想吃就会大大方方地吃，不会像亚洲人那样在乎别人或别人的看法，所以只要他们愿意，想吃多少就会吃多少，脑子里不会有太多顾虑。我知道，并不是所有美国人都这样，我也并不想说这样做是好还是不好，只不过个人主义的确是美国文化的一个重要特点……一番思量之后，我突然觉得很吃惊——我竟然会对人有这种刻板印象。这可不好。不过我还是不明白。他们不饿吗？他们是在假装吗？为什么会剩下这么多甜甜圈？我实在想不出什么好理由。为什么会这样呢？今天的交易活动中，我尽可能多地跟来访的石头人互动，因为根据上个星期的经验，我知道他们手里有很多稀有的交易卡，比起和其他商人做交易，从石头人手里拿到我想要的卡要容易得多。石头人不懂我们的交易体系，也不像我们一样在乎金钱，所以，他们是最好的交易“伙伴”。我们其实是在剥削他们，而且毫无内疚感。

---

1 久子是日本人。

我发现有个石头族女生一直躲在其他石头人背后，于是走过去想要跟她搭话。但是她竟然挥了挥自己从石头汤那边带来的一张大王，然后一言不发地走开了！我当时就震惊了，呆呆地在原地站了好一会儿。她的态度让我感到非常震惊，而且虽然时间不长，但是我站在那里时还是感到十分尴尬，还有一点愤怒。在我们看来，石头汤文化是友好的、愉快的、健谈的，他们就“应该”是这个样子。看来我已经对他们有了刻板印象，我之所以生气是因为他们的表现出乎我的意料，是因为我认为他们不尊重我。我知道这只不过是一个模拟游戏，我也知道她为什么会那么做——虽然我不知道她这么做的目的是什么，但我知道她只是在遵守石头汤文化的规则，所以我并不是真的愤怒。然后我就想：“如果我不理解她的态度，那我还能了解她吗？如果我不能了解她，那我对此事的感觉又算什么呢？”虽然我了解这个游戏，但我还是受到了震惊。之后我笑了，因为我明白，她的行为背后一定有某种合理的解释。但如果我只相信自己的刻板印象，只从自己的角度去看待问题，那我面对自己的处境和她的态度时还能笑得出来吗？应该不能吧。在现实生活中，作为生活在美国的外国人，我经常觉得自己不受重视。

今天是最后一个交易日，所以敲钟之后大多数人还在继续交易。看到大家对这个交易游戏如此投入，我觉得非常有趣。我们不是孩子，但却热衷于孩子们玩的游戏……还是因为我们都不喜欢输？最后，我们终于全都按小组围着桌子坐了下来，开始清点手里的交易卡。不过其实我们不光是在数钱……我们在根据我们这边的文化规则对自己进行衡量。

整理手中交易卡的时候，我发现斯特拉只是坐在那里，什么都不做，杰夫在数自己的钱，哈里在收集所有的交易卡，杰西卡在跟人要卡，每个人的性格都一览无余。这时我才意识到，我们每个小组都是一个小社会。我们组的氛围和其他组截然不同，我们组的每个成员好像都在扮演不同的角色。石头汤文化有明确的角色分工，我们的文化虽然对此没有明确的规定，但我们内部还是有不同的分工。对此，我感到十分吃惊，不过更加令我吃惊的是，我竟然是在最后一个交易日才意识到这一点。

你很难决断出谁对谁错，有时候我觉得，在全球化的意识形态中，其实并没有对和错。或许你会说我不应该理会某些“美国人的态度”，但是你怎么知道抱有那种态度的人是故意的还是无意识的呢？这很难区分。就算他们不是有意为之，“不知道自己在做什么”也同样有问题。如果我们无意间伤害到了别人，“有人受到伤害”这个事实是不会改变的。那么，我们应该怎么做呢？开始的时候我曾说过，我之所以喜欢和别人互动是因为这样可以让我觉得不那么孤独；但是有时候，和别人互动却让我更加孤独。我们永远都无法越过彼此之间的那条界线，因为我是我，你是你，我们每个人都是一个独立的个体。我可能扯得有点远了，因为这里需要讨论的是课堂上的文化模拟活动。但是我很想知道，如果你连自己都无法理解，那又怎么能理解他人呢？怎么能理解来自不同文化的他人呢？（久子，公平贸易联盟，4月29日）

和久子一样，萨姆也认为在理解模拟活动经历时，应该将自己的亚裔背景考虑进来。他喜欢探究一直以来潜移默化影响他的“儒学家庭观念”和他在模拟活动中的表现之间是否存在密切的联系。他认为，很多韩国人都无法像美国人那样将家庭和生意完全区分开来。萨姆的家族生意属于韩国财阀体系，所谓“财阀”，用萨姆的话来说，就是“私人拥有的大型公司，其管理层均为创建者及其家人。在这样的企业中，不存在外部招聘，所有权的拥有者严格限定在血缘关系网内”。萨姆在现场记录中表示，美国人通常会纠结于工作与家庭之间的矛盾，因为重视其中任何一个都意味着对另一个的忽视。但对韩国人来说，作为家族成员和雇员的责任通常都是一样的，是统一而不可分割的。他们在任何情况下都会以家族和财阀的利益为重。与此同时，个人需求的重要性则大大降低。这一原则与公平贸易联盟的体系存在着严重的冲突，因为后者重视的首先是个人成就，其次才是团队的表现。只有当整个组织需要和外部文化（石头汤文化）打交道时，群体忠诚才会变得有意义。解释完这些以后，萨姆接着开始审视自己在模拟活动中的表现。下面这段文字描写了他和其他组员去石头人那边做交易的情景。

> 和组里其他两个韩国女生相比，我的交易方式看上去非常大胆、非常美国化。（我们组去石头人教室做交易的那一天）我跟石头人玩了一阵他们的游戏后并没有赚到什么钱，所以我干脆直接开口跟他们要钱，结果他们每个人都很开心地从自己面前的钱堆里拿了一些给我。就这样，他们不停地给我钱，最后自己都没有钱继续玩下去了，所以他们问我能不能再给他们一些钱。我照办了，然后继续游戏。我当然知道自己是在利用他们的文化，利用他们善良和开放的态度，但竞争模式迫使我渴望获得更多的利润，即使以牺牲他们为代价也在所不惜。因此，我完全能理解为什么某些文化会如此迫不及待地去剥削那些慷慨大方或提倡不同价值观的文化。虽然我的行为没有受到斯特拉和杰德的批评，但我自己的感觉也不是百分之百的好。不过我知道，我们文化里的白人学生对我的表现全都赞赏有加。（萨姆，公平贸易联盟，4 月 29 日）

金钱也能让模拟世界转啊转

很多商人都在现场记录中表达了自己对石头人的轻蔑，认为他们“被惯坏了，因为他们不用工作就有钱，想要什么就有什么”（崔维斯）。与此同时，也有不少商人承认，看到商人们“如此轻易地陷入不择手段、贪得无厌的泥潭中”（安娜），他们觉得十分羞耻。以上两种态度在商人们的现场记录中大约各占一半，而一旦钟声响起、交易开始以后，所有的羞耻感都一扫而光，很快被饥饿感取代，大家全都投入到疯狂的竞争中。也许在模拟活动开始之前，金钱或者学生所赋予金钱的意义在两种文化中并无太大区别，但是，实验活动进行到目前这个阶段以后，情况已经大为不同了，两种文化对金钱的看法已经出现了根本性的分歧。

尽管在活动一开始，组内交易行为是被明令禁止的，但是现在，商人们公开承认他们已在小组内达成协议，每个组员负责收集一种颜色的交易卡，大家互不重样。他们会先在小组内偷偷地进行交易，将所有同色交易卡集中在一个人手上，然后将其他卡换给组里的其他人。安娜在自己的现场记录中分享了她所使用的这种交易策略。

在上一次的交易活动中，我取得了极大的成功，所以这一次我特别兴奋。我使用的策略是先在自己的小组内交易，然后再和其他小组进行交易。因为如果同一小组的两名组员都去收集同一种颜色的交易卡，那样就会变得毫无效率可言。从贝拉贸易公司其他组员那里拿到我想要的卡以后，我就会去其他小组那里寻找能够让我配成套的交易卡。我特别留心数字为 3 和 5 的卡，因为这两个数字的交易卡比较罕见。谁手里的卡有我想要的颜色，谁就是我的目标。在寻找交易卡的过程中，我的肾上腺素水平激增，很快就凑够了一套卡，换到了 100 美元，领了一套新卡，然后又凑齐了一套，又去银行换到 100 美元，又领到更多新卡！我简直是势不可挡啊！（安娜，公平贸易联盟，4 月 29 日）

在白天的模拟活动中，商人们全都以金钱为中心，不过到了晚上写现场记录的时候，他们也会对自己当天的活动和表现进行深入的分析。大部分商人是这样解释的：对商人来说，第一要务就是要成为一名成功的联盟成员，这就意味着，我们要时刻保持公平公正，要时刻做到诚实而又不乏竞争、遵纪守法而又不乏攻击性。但问题是，商人们明知道自己应该遵循什么样的原则，却还是在利益最大化的驱使下选择利用石头汤文化的特点，而这种利用是不公平的。不过，这种不公平到底体现在什么地方并没有具体的解释，因为关于如何与外人进行交易并没有明确的规定，唯一的要求就是交易时只能使用商人的语言，而石头人完全不懂这种语言。

刚开始，有些石头人对商人非常宽容大度，但是现在，他们也认为商人们全都“为金钱所驱动”“眼里只有钱”“见钱眼开”。有些石头人干脆直接出手干预，想要教导这些“一心只想着钱的外国人”（詹森）正确看待金钱在生活中的位置。赛勒在现场记录中描述了自己一次失败的尝试。

> 有一个来访的商人总是时不时地从我们的钱罐子里拿钱。我们假装没看见，继续谈论我们的祖母。他们要离开的时候，我们一起拍了合影，然后伊里奥特（我们的族宝）提议把商人的货币送给他们当礼物，借此告诉他们我们重视的是他们的陪伴，而不是他们的金钱。我们手里有面额一美元的钞票，也有面额 50 美元的钞票。我们把面额 50 美元的钞票藏在面额一美元的钞票堆里，想要给他们一个惊喜。伊里奥特一边把钞票堆成堆一边说：“真想看看他们脸上会有什么样的表情！”她是族宝，所以不能跟商人说话，于是我说到时我会告诉商人这是她送的礼物。结果走到那个偷钱的商人面前后，我只说了句：“多谢你们能来！”就算他们没有遵守我们的规定，但我们还是愿意送告别礼物给他们。可她收了我们的礼物之后竟然还继续偷钱！好吧……（赛勒，石头汤，4 月 29 日）

很显然，石头人永远都破解不了商人的交易语言和交易规则，于是有些商人开始觉得剥削石头人这件事已经变得索然无味了。“这也太容易了吧。”“我开始觉得有点不应该了，我觉得我们可以向他们透露一些交易规则。”因为双方力量差距过于悬殊，所以游戏也变得没意思起来。不过，正如安娜在现场记录中所说的那样，尽管大部分人都意识到了这种不公平，但还是照旧利用和剥削石头人。

> 我今天继续利用石头人夺回了自己在交易活动中的优势地位。当我做手势要石头人给我他们的货币时，我心里非常清楚自己在做什么，我知道他们的货币比公平贸易联盟的货币更值钱。我和他们交易并不是为了帮他们，而是为了满足自己的贪婪——我想保住自己的成功。很显然，仅凭这一行为就能看出这两种文化不同的道德观和价值观。公平贸易联盟的这种赚钱文化竟然能够战胜我自身的价值观，这多少有些奇怪。实验项目结束以后，我不再是以安娜的身份去思考问题，而是以公平贸易联盟成员的身份去思考问题。（安娜，公平贸易联盟，4 月 29 日）

巴拉布（S.Barab）和普拉克（J. Plucker）于 2002 年发表合著论文《聪明的人还是聪明的语境？情境学习时代的认知、能力与人才发展》，他们在文中指出，我们的思维模式及行为模式是在社会语境中出现并得以延续的。他们认为，我们都是以情境化的自我进行思考的，通过情境参与来感知我们所在群体或组织的结构和规范。根据这一理论，语境不仅仅与地点和物质有关，与社会关系也有很大的关联。迈克尔·科尔（Michael Cole）在《社会文化历史心理学：新型文化遗传方法论概述》一文中提出，定义语境的关键词为"交织在一起"，强调了社会事件的"共构性"，即在意识形态、文化产物、机构、个人的共同作用下形成特定的活动模式。因此，语境成为我们认知过程中一个不可分割的部分，用法恩和巴特莱特的话来说，一个群体的自文化和群体成员先前已形成的模式进行"个人和环境之间的交易"（巴拉布和普拉克）。换言之，即情境化的个人将外部环境的影响和程序内化并产生特定的反应。

面对课程要求，商人和石头人都需要做出选择：是按照模拟文化的规定行事，还是遵从自己个人的行为模式和价值体系。虽然模拟文化的要求看似不可抗拒，但实际上，这只不过是一门大学课程的内容。到底是应该按照现实生活中对行为标准的规定行事，还是应该按照能够提高所选课程得分等级的要求行事？学生在这里遇到的是一个两难的选择。石头人弗雷德里克的这段话就比较典型："内在的自我和作为石头人的我都想让那些贪得无厌的混蛋们从哪里来就回哪里去，除非他们愿意做回一个体面的人，否则永远都不要再回来。但这并不是真实的世界，而只是一门跨文化交际课，所以我知道，我只能继续待在这里跟他们交流。”商人安娜也表达了同样的想法：“说实话，我真不明白为什么非要和石头人发生联系。我们有自己的社会，有自己的事情要做，他们（石头人）只能碍事。好吧，好吧，我知道这不是这门课的重点，但有时真的很难一直记得这只是一门课程，而游戏就只是游戏。”

确实如此。

我非常期待这个实验项目下一个阶段的内容，学生们将从事件亲历者和记录者变成研究者，对他们所收集到的数据进行反思和分析。在我心里，模拟文化这项活动到此已经结束了，所以我觉得，一旦学生们利用这个机会抽出身来进行较为客观的思考，他们就会重新回到原来同班同学的角色，像从前一样相互尊重、相互宽容。他们甚至还有可能会因为共同经历了那么多的事情而变得比之前更加亲密、关系更加友好。事实证明我想错了。很快我便发现，尽管模拟实验已经结束了，尽管实验中的很多活动都是人为设计出来的，但我们因此而产生的情感和参与感却远远没有结束。这些感觉是真切的。我们在情感上的投入以及互动的强度都将随着时间的推移而逐渐升级，以我完全没有预料到的方式影响着我们的思维方式和行为方式。

第四部分

无法和解

5月6日："你们就是一帮无聊愚蠢的嬉皮士"

本课程的模拟活动部分已经结束了，两个文化的学生将在本学季剩下的时间里一起上课，我们计划用两节课的时间让学生们"梳理"一下过去五周内发生的事情。第一节课，商人们将准备一段简短的演讲，通报他们在模拟活动中对石头汤文化的认识和了解，然后石头人会对石头汤文化进行综合性的描述，和大家交流"生活本来的样子"应该是什么样的。我们鼓励所有学生在课堂上积极提问、踊跃发言，希望整个班级都能就刚刚完成的模拟活动展开开诚布公、翔实有趣的对话。第二节课的安排和第一节课相同，唯一的不同就是讨论将围绕公平贸易联盟的文化展开。

石头人占据道德高地

我们的上课地点在大会议室，这里也是石头人在过去五个星期内开展各项活动的地方。上课前一天晚上，我将房间里的桌椅布置成面对讲台的U形，同时在后面和两侧靠墙的位置也布置了一些桌椅。上课那天，当我来到教室时，门还锁着没开，学生们全都挤在走廊上。我打开教室门，学生们鱼贯而入，石头人还像之前一样以家族为单位坐在原来的位置，结果商人们就只能坐到墙边的那些座位上。

瑞秋很明显能感受到走进教室的学生分成了两派，对她的态度也有非常明显的区别：一派将她看作“我们的老师”，一派将她看作“你们的老师”。石头汤文化的学生热情地跟瑞秋和迈克教授打招呼，但对我却视而不见；公平贸易联盟的学生则完全无视瑞秋的存在。刚开始，瑞秋还将这一现象归因为模拟活动的后遗症，非常有趣而且完全能够预见得到。但等大家都坐好以后，她发现我和她也只跟“我们的学生”打招呼。她向我表达了自己的担心，我们简短地讨论了一下，但在现场并没有想出什么好对策来解决这个问题，只能暂时让迈克教授站在中间，因为他和两边文化的关系相对均衡。

石头人全都安安静静地坐在那里，看上去很警惕。（后来，他们承认上这节课的时候心里非常害怕。）当 8:10 开始上课的时候，整整三分之一的石头人还没来，而商人那边只缺一个人，所以石头人变得更加紧张。大面积的缺席加上当时的座位安排，石头人挤在一起，被人数众多的商人包围在中间。

讲完开场白以后，四个商人贸易小组各派出一名代表站在教室前面，讲述他们对石头汤文化的认识和了解。“首先，你们就是一群嬉皮士。”“你们喜欢艺术、手工艺品、唱歌、跳舞，你们不需要工作就能拥有一切。”“你们一直都很友好，彼此关爱。”“你们好像对自己的祖母非常痴迷。”“你们做了很多想象出来的汤。”最后这句话引起了其他商人的一阵哄堂大笑。说到石头人离开自己家园这件事时，商人们连珠炮似的问了石头人很多问题：“你们为什么要走？”“你们去哪儿了？你们干什么去了？”“是不是因为我们对‘祖母’这个词的乱用冒犯了你们？”“你们生气是因为我们不愿意教你们交易语言吗？”“你们感到沮丧是因为我们不愿意教你们怎么在我们这边做生意吗？”“你们不高兴是因为我们去你们那访问时直接向你们要钱吗？”

石头人并没有直接回答这些问题，而是很不情愿地说起了石头汤文化的一些活动信息。在瑞秋的反复引导下，其中一个石头人才磕磕巴巴地读了一遍石头汤的故事，然后其他石头人也加入进来，谈了一下他们的日常活动。他们谈到了文化泄密事件，但却非常谨慎，绝口不提自己这边相关人员的过错和责任。他们解释说，组织“龙卷风”事件是为了进行重新调整，还说因为担心商人会偷走石头汤族的财富，所以决定将金钱“埋起来”。这里又引发了商人连珠炮似的提问：“你们不是说自己不在乎钱吗？”“如果真是这样的话，你们为什么会在乎我们偷钱这件事呢？”“你们为什么要把钱藏起来？”“你们为什么要用不值钱的硬币代替？”有个商人说话非常刻薄：“你们根本就是说一套做一套！”

石头人公开纸牌游戏规则的时候，有些商人翻着白眼说石头汤文化的生活“太无聊、太愚蠢”了，有些商人则回到老生常谈的那个问题：“如果输赢对你们来说并不重要的话，你们明知道我们非常想赢，为什么不让我们赢呢？……为什么不把你们的钱全都给我们呢？”

虽然没有一个商人问过石头人的社会结构、家庭单位、日常生活，但石头人却主动展示了一张很大的剪贴画，这是他们在课前专门准备的。画上有一棵家族树，正中间的位置用很大的字体写着“石头汤联盟”，周围有很多手绘图和剪贴图，展示了不同的石头人家族以及石头人非常重视的目标和价值观。

商人布鲁诺看了之后对身边的商人说：“这么烂！我刚上三年级的妹妹做得都比这个好！”周围的商人听了以后全都哈哈大笑起来。“嘘！”我让他们安静一点，同时祈祷石头人没有听见这句话。没想到布鲁诺转过头，小声对我说：“得了吧老师，都是大学生了，你看他们……”我只好又冲他“嘘”了一声。

结果石头人发言的时候，他们言语中的防御意味越来越强，而且在回答商人的某些问题时开始现场编故事（我们也是事后才知道的）。詹森在后来的现场记录中提到过这件事。

他们问的那些问题我们都没有认真思考过，看到丹尼斯和梅丽莎现场编故事还是挺有趣的，当时连我都被他们的故事给骗过去了，我还以为他们说的全都是真的呢！他们说我们所做的一切都是“从祖先那里继承下来的”，但实际上很多活动都是我们在模拟活动中自己想出来的。关于钱，我们的确是有点不明所以，不知道钱是从哪里来的、要到哪里去、新钱又是从哪里来的、钱到底是用来干什么的。我知道，商人肯定会觉得我们都很傻，因为在公平贸易联盟那边，所有人都知道钱是怎么一回事。对他们来说，钱就是一切，钱就是他们的上帝！（詹森，石头汤，5月6日）

我在当天的现场记录中流露出了极大的沮丧，因为石头人根本没有踊跃发言，我把这种情况归因于石头人没有积极参与的态度。我觉得他们本来应该有很多东西要跟商人们说，他们应该更加积极地为自己的生活方式辩护，结果他们连最起码的对话都没有做到。我觉得他们没有付出应有的努力。现在摘录以下这段文字，我心里还是略感尴尬。

今天的石头人沉默寡言，这让我十分抓狂。他们似乎根本就不关心其他人是否理解石头汤文化。当然了，即使他们真的放开了，估计也会受到商人的冷嘲热讽和轻蔑挑剔，我猜这也是他们封闭起来的一个原因。不过即便如此，石头人也应该付出更多努力，为自己做出更多解释。他们现在摆出这样一副道德高尚的受害者姿态，我真的感到非常恼火。可怜的石头人！当然，商人们也的确太过傲慢。虽然我非常不想承认，但是我有一种不好的预感，我觉得我们可能永远都不能让这两个组融合成一个集体了，除非他们双方都努力，单靠一方是做不到的。石头人必须行动起来才行。（黛博拉，5月6日）

瑞秋当天的现场记录并没能缓解我内心的焦虑，不过她对石头人所面临的困境进行了非常详细的描述。请注意，她在记录中经常提到“我的”学生。

> 商人们问了很多问题……我的学生坐在教室中间，周围全都是商人。我问他们谁愿意先发言，但没有人响应。我推了一下“纽带”家族的贾思敏，但她不愿意到前面去，而和她属于同一家族的其他人陆陆续续地刚到教室，我也不想让他们在毫无头绪的情况下站到前面去。最终，在我的反复引导下，丹尼斯、亚伦、西妈、梅丽莎和曼蒂站了起来。
>
> 他们全都看着我，一副惊慌失措的样子，好像根本就不知道该说些什么。于是我提示他们，可以“介绍一下我们的文化、我们的价值观，还可以说说我们的日常活动”。他们看上去还是不知道该怎么办，所以我继续提示道：“那就先从我们为什么叫‘石头汤联盟’说起吧。”他们这才开始发言。丹尼斯想要在白板上画图，梅丽莎提醒道：“我们不是带着图来的嘛！”站在前面的石头人这才露出一点笑容，坐在下面的石头人也有几个笑了起来。是因为沉浸在回忆中吗？接着，丹尼斯在曼蒂、梅丽莎和西妈的帮助下展开了剪贴画。
>
> 丹尼斯解释了石头汤的标志，强调说我们是一个“宗

族”。他还详细地解释了“石头汤联盟”这个名称的由来，讲述了石头汤的故事（脸上略带尴尬），强调说这也是为什么石头人经常会讨论有关“汤”的问题。接着，他解释了剪贴画上每个家族的族徽，讲到城堡的时候，梅丽莎插话道：“西妈住在城堡里！”教室里传来不少笑声。然后他们开始说石头汤文化的价值观：“我们重视彼此、强调善良和友爱。我们经常聚在一起讲故事、做游戏，我们非常注重分享。”然后他们几个谈到了我们的宴会，谈到了我们石头人的年度庆祝活动是如何举行的。

他们告诉商人，石头人的游戏是以促进彼此之间的沟通和交流为目的的，游戏本身并不重要。金钱也不重要，所以放在谁手里都没关系，反正每天游戏结束之后他们都会把钱放回原来的罐子里，所以输赢又有什么关系呢？他们说，每个家族都有不同的纸牌游戏规则，不过一般都会用J、Q、K这种带有人脸的纸牌提示对方违背了石头汤文化的价值观。亚伦举起手里的索引卡解释说，每个石头人都有一张这样的卡片，遵守石头汤文化的价值观就能得到签名，反之上面就会有数字。他们着重指出，如果石头人违反了规定，其他家族的成员也是可以向其出示警告牌或者在其索引卡上写数字的。他们还提到了跳舞，说他们每次上课前都会跳舞，虽然刚开始大家的舞姿看上去很笨拙、很僵硬，但每个人都很投入，也很享受。西妈指着梅丽莎说："最后一天跳舞的时候，这家伙超级投入！"梅丽莎哈哈大笑起来，下面也有不少石头人跟着笑了起来。我的笔记本电脑无法将视频输出到教室里的大屏幕上，但是讨论快结束时，我向全班学生展示了一遍石头人活动时的照片。

龙卷风事件是个讨论比较热烈的话题，我的学生全都看着我，希望我能给他们一些提示，告诉他们该说什么。我建议他们从我发给大家的那封电子邮件说起。丹尼斯说："我们的文化价值观和我们的规则被泄露出去了，你们都知道了。比如说，我们的族宝，你们全都知道了。"说到这里，大家全都开玩笑地指着洛蕾塔。他们说起石头人去化学实验大楼里的"高地"讨论如何修订原来的规则，最后决定改变原来的游戏方式，保护我们的族宝。他们还说自己当时"吓坏了"，而且非常"害怕"商人。有个商人可能之前就猜测石头人是出于恐惧才离开的，这时直接问道："真的吗？你们当时真的害怕了吗？"丹尼斯回答道："是的！我们当时真的吓坏了，你们凑那么近，都逼到我们脸上来了，我们当然会感到害怕！"

发言过程中，我的学生美滋滋地点出了那些偷硬币的人、见到什么就要什么的人、出卖族宝信息的人、想要拿走族宝脖子上的项链的人，等等。讲述这些时，我的学生十分友好，但我注意到有几个商人看上去有点尴尬，好像自己被人“出卖”了一样。有些商人摇着头表示不满，有些干脆直接低下头、弯下腰。黛比请族宝们解释一下他们的经历。他们说，身在石头人中间时，他们觉得自己是受保护的，觉得自己很强大，但是一旦来到商人的地盘，他们就会觉得不受尊重，即使挥舞警告纸牌也没有用。伊里奥特说，她至少向商人“挥舞过30次警告纸牌，但是根本就没有人理她”。坐在前排的一个商人点着头说：“没错，那张破牌对我们根本就不起作用。”

另一个问题是我们的财富到底是从哪里来的。丹尼斯灵机一动，随口编了个故事，说是从我们的祖母那里继承来的。西妈之前说过，我们的财富来自我们善良、友爱的价值观，所以我们才会如此富有。提问的那个商人说这让她很吃惊，因为他们一直弄不明白的事情就是，如果一个文化总是不停地给别人东西，那么这个文化到底是如何得以延续的呢？这就让我们说起了假硬币的事。我的学生解释说，因为商人们见什么要什么，所以他们只好把金币全都“埋起来”了。不管是什么东西，珠子、硬币、纸，只要被商人看到了就保不住了。所以他们才想出这个办法来，这样既可以让商人们带点东西回去，又可以保证他们带走的不是什么有价值的东西。这样一来，他们既不会失去自己的资源或金币，又能大方地给商人东西。商人们听到这里全都十分震惊，都觉得自己被骗了。但事实上，石头人这么做并无恶意，因为他们的动机没变，还是想通过“给予”让商人们高兴。

在整个演讲和对话过程中，学生们的表现很值得一提。商人们的表现有点两极分化。有些商人肢体语言十分丰富，态度傲慢、目中无人。他们坐在教室前排，想什么时候插话就什么时候插话，要不就懒洋洋地坐在教室后面，像是整个世界的主人一样。另一些商人的表现则完全相反。他们坐在门边靠墙的座位上，一副怯生生的样子（也有可能是沾沾自喜？），不知道该说什么。不同于他们，我的学生抱团聚在一起，不停地向我抛来询问的目光。他们看上去像是被从规范体系中“连根拔起”一样，总是想从我这里寻求安慰，离我较远的人就会试着从西妈那里寻求安慰。观察这些细微之处很有意思。此外我还注意到，除了贾思敏之外，“纽带”家族因为迟到全都靠着后墙和商人坐在一起。（瑞秋，石头汤，5月6日）

说实话，学生这节课的表现的确让我有些失望，但同时我也意识到，之前的想法是非常不合实际的。两种文化的学生其实都积极参与了这个研究项目。事实上，他们（我们！）从一开始就知道这一切都是假的，但为什么我们就看不透这两种文化的本质呢？不论是石头人的文化，还是商人的文化，它们都是人为设计出来的、非真实的、暂时的；一旦我们走出教室，这两种文化对我们的现实生活都没有任何影响、没有任何意义。现在，是时候和这两种设计出来的（而且说实话也很傻的）文化挥手道别了，是时候像个学者那样后退一步，对自己的经历和发现进行客观的分析了。下次上课的时候，我会向全班学生强调这一点。

5 月 8 日："你们就是一群财迷"

上课铃声响过以后，教室里只有 10 个石头族学生（后来又来了三个），这让我觉得很沮丧。虽然石头汤文化从一开始就存在缺勤和迟到的问题（我将其归因于石头汤文化本身悠闲、懒散的特点），但是我和瑞秋认为，这一次的情况和之前有所不同。上节课大部分时间对石头人来说并不愉快，有些时候甚至让他们感到十分煎熬。商人们的态度非常不友好，虽然表面上看起来是在进行客观的讨论，但实际上，讨论的话题和提出的问题背后是商人对石头人掩饰不住的敌意。今天，我们希望对商人文化进行同样的讨论和质疑，我们期待两种文化之间的关系能够因此而得到改善。

我们请石头人站起来说一说他们对公平贸易联盟文化的认识和了解，结果没有一个人愿意主动站出来。因为来上课的石头人本来就为数不多，所以瑞秋直接要求他们全都到教室前面来，但是只有四个学生很不情愿地照做了。他们首先就商人的行为谈了谈自己的看法。四位石头人都表示，活动开始没多久他们就发现，商人被划分成不同的公司，而不是家族；对商人来说，最重要的就是金钱和交易游戏。但是，他们始终没有弄懂交易游戏的规则和商人们使用的交易语言。其中一位石头人壮着胆子说出了自己的一点猜测："我们认为，不同颜色的卡牌有可能对应着不同的公司。"话音刚落，坐在后排的两个商人哈哈大笑起来："才不是呢！你们完全搞错了！""你们这些家伙真是什么都不知道啊！"于是，这次对话戛然而止，再也进行不下去了。

在我们的鼓励之下，石头人又鼓起勇气问了几个问题，想了解商人们在不做交易的时候都会做些什么以及为什么他们的互动中完全没有"请"或者"谢谢"之类的礼貌用语。商人们解释说，交易的时候只能使用专门的交易语言，而这种语言里没有"请"和"谢谢"这些词。然后石头人弗雷德里克问商人们，如果需要的话，他们是否可以自己创造新词。得到肯定的答案以后，他接着问道："那你们为什么不发明些礼貌用语呢？"

有个石头人读过我研究计划书里有关商人文化故事的内容，然后在谷歌上做了一些搜索和调查，她在课堂上说："你们这个故事的出处是圣经，对不对？"她说得非常对，但是商人们对此一无所知。我刚想开口解释，商人布鲁诺态度坚决地摇着头说："绝对不是，肯定不是圣经故事！"其他商人也哈哈大笑起来。

石头人本来应该问更多的问题，但他们始终沉默寡言，我们对此也十分无奈。后来我们只好进入下一环节，我们播放了一段由公平贸易联盟的三位成员制作完成的短视频，用来解释商人的交易游戏。在短视频中，两名商人负责表演交易活动，第三个人以画外音的形式进行解释。整个放映期间，石头人们始终聚精会神、一言不发地观看着，后来听到画外音解释说石头人手里掌握着一些十分稀缺、价值极高的交易卡，所有石头人这才恍然大悟，终于明白商人们当时为什么会一窝蜂地涌上来、争先恐后地跟他们做交易了。

最后，我们问石头人还有没有什么问题要问，他们并没有马上回答。商人哈里接过话茬儿，开始滔滔不绝地聊起商人们是如何使用“祖母”和“祖父”这两个词的。他说商人们担心这么做冒犯了石头人并有可能导致了石头人后来的失踪事件。石头人仍然沉默不语，而其他商人则有话要说：“你们千万不要误会，我们实际上并不在乎你们到底是怎么想的，只不过不想让你们生气。我们只想让你们继续和我们做生意，我们想要你们手里的卡和你们手里的钱！”

这时，迈克教授突然感叹道：“你们就是一群财迷。”现在想来我还很惭愧，但是当时我在情感上确实过于投入，所以马上愤怒地反驳道：“你的话让我觉得很受冒犯！我们这种文化本来就要求每个人都凭自己的努力做到最好！我们是有道德和规范的！我们并没有想要占别人的便宜。虽然我们有时候具有攻击性，但我们永远都是公平的！”商人们全都为我的发言热烈鼓掌。石头人继续沉默，我马上就后悔自己没能控制好自己的脾气。我本来是想让两边的学生达成和解，结果自己都无法控制好自己的情绪。我知道，自己刚才的爆发只能让两个阵营更加分化。瑞秋对此也感到十分恼怒（对此我表示完全可以理解）：

> 当领导人出面“指责”其中一方时，两种文化之间的割裂会进一步加剧。我尽量不对任何议题发表个人意见，因为两组学生本就已经十分困惑了，这时候如果领导人再介入的话，他们便更搞不清楚到底“什么是对的”以及“谁是对的”了。特别是有关“工作道德”这个问题，因为工作文化本身就是人为定义的，而物质上的奖励（金钱、签名等）又完全是随意规定的。（瑞秋，石头汤，5月8日）

在大家意识到我的越界行为以后，所有人都看着迈克教授，教室里安静得就算一根针掉到地上的声音都能听见。石头人梅丽莎显然想化解课堂上的紧张气氛，于是向商人提了一个问题：“除了交易，你们还会做什么？”商人们的回答是：“制定交易策略”“计划下一步行动”“数钱”。梅丽莎对这些回答并不是很满意，于是追问道：“除了这些以外呢？除了交易游戏之外，你们还会做什么？”这次轮到商人们集体沉默了。

梅丽莎继续问道：“你们有些人到我们这边访问的时候表现得就很不一样，友好得多，也礼貌得多，而且看样子并不是很想回家。那么，你们更喜欢哪一种文化呢？”商人崔维斯哈哈大笑起来：“我们不想离开是因为我们想从你们那里拿到更多的钱。”

石头人们听了他的话之后难以置信地摇着头。“所以你们唯一关心的就是钱咯？”讨论进行到这里时突然出现了意想不到的转折，公平贸易联盟的成员们对石头汤文化发动了全面进攻。所有人同时发言，一个比一个声音高，他们都指责石头人懒惰、不思进取、缺乏工作热情。

对此，瑞秋再次表达了自己的担心。

> 我不太喜欢讨论（如果可以称其为讨论的话）中出现的这个转折，因为它在暗示石头人的工作毫无价值，而且强调商人们在工作道德的层面上有一种潜在的优越感。争论到底哪一方的工作“更加努力”似乎是件毫无意义的事情，因为在我看来，双方都在为自己所属的文化所推崇的价值观而努力工作：商人们为赚钱而努力工作，而石头人则为创建社会关系和文化历史而努力工作，甚至还曾重新设计了游戏规则。双方的“工作”内容截然不同，但做起来都不容易，而且均符合各自的文化价值观。事实上，金钱对他们任何一方来说都是毫无价值的，因为这两种文化都是虚构的。任何一个石头人都可以选择完全不参与游戏，也可以不“努力工作”，这绝对不会影响到他们身为石头汤文化成员的身份。同样，

任何石头人都可以选择不遵守讲故事、重视祖母、非竞争这些文化价值观（有些石头人在某种程度上确实也是这么做的），而这并不会损害到他们的物质利益。（瑞秋，石头汤，5月8日）

好在“梳理周”总算是过去了，然而，原定的目标——推动两种文化的沟通并打破我们一手创立起来的文化界线——并未得以实现。而实际上，两个学生团体变得更加分裂，对立也变得更加公开化。我们不想再以记录者的身份参与下一个阶段的活动，因为这实在是让人身心疲惫。下课前，我对全班学生说：“如果你们认为自己的个性完全不适合你现在所处的文化，请举手。”结果每个组只有一个人举手。后来，有个石头人在当天的现场记录中说，如果能分到商人组的话，自己会更开心一点。绝大部分学生此刻已经完全沉浸在自己所属的文化类别中，因此，让他们对模拟活动或者对我们在这些活动中所扮演的角色进行客观公正的分析是一件不可能完成的任务。

梳理周的现场记录

讨论中，每个人都站在自己所属文化的角度发言，这一点让我感到十分吃惊。讨论过程中，石头人开口说的每一句话都反映出石头汤文化的价值观；而商人脑海里想的也全都是公平贸易文化的最大利益。当然，我也不例外，而且有时候还会非常投入。这些现象让我觉得非常有趣，因为我们已经完全接纳了各自的文化价值观，所以才会在火药味很浓的讨论中为自己的文化做出激烈的辩护。周四下课的时候，与前一周相比，我变得更不喜欢石头人了。我觉得公平贸易联盟的文化更符合我已有的价值观：努力工作、公平竞争、奋力达成目标。石头汤文化是一种休闲文化，如果让我整天坐在那里，除了打牌和聊天以外什么都不干，我肯定会无聊到发疯，而且会失去所有的自尊。我认为，休闲时间应该是靠自己的努力赚来的。说实话，访问石头人的时候我觉得非常无聊，之所以没有显露出来只是因为我想保持最起码的礼貌。当他们说纸牌游戏从本质上来说毫无意义时，我一点也不觉得惊讶，因为我早就感觉到了。当他们解释有关祖母的那些规则时，我也没觉得有什么稀奇的地方。

石头人里有个穿粉红上衣的女生对商人特别有敌意。她觉得我们竞争卡牌的行为非常愚蠢，认为我们的价值观十分扭曲，认为我们不应该将金钱置于友谊之上。她几次用“贪婪”这个词来形容商人，于是我忍不住举手发言，指出如果他们也必须通过赚钱才能生存下去的话，他们肯定就会有不同的看法了。她反驳说阿米什人的生活就很简单，他们并不需要赚钱也能生存下去。我当时很想反问她是不是想要像阿米什人那样生活，不过最后还是忍住了，因为我不想表现出对其他宗教的不敬。如果不需要努力工作就能生活下去的话，将友谊和交流放在第一位就不是一件困难的事情。我不相信她会真的想变成阿米什人，所以觉得她搬出这个来说事非常荒谬。很显然，我并不想跟石头人交换文化，因为我认为石头汤文化根本就难以为继。他们说自己的祖先留下来一大笔财富，这听上去很美好，但完全不现实。坐吃山空，再多的钱也会被花光，而石头人却并没有采取任何措施来补充自己的资金。不仅如此，他们还大把大把地向外撒钱。如果活动继续进行下去的话，总有一天，他们的金库会见底。当然，这并不是说石头汤文化毫无可取之处。能够放松下来和朋友们聊聊天还是挺好的，这是商人们所需要的。但是，石头人也需要寻找其他的消遣方式，因为他们的文化实在太无聊了。他们推崇个性化，我对此表示尊重。但是，如果他们的社会想要持续发展下去的话，就需要引入竞争，发展经济。他们现在这样就像是过上了退休以后的生活一样，而且这种退休生活并不是通过努力工作所赢得的。他们来访的时候受到冷遇并感到不舒服，对此我也深感遗憾并在班上公开表达了这种遗憾。不过，我还是更喜欢自己的文化，因为我觉得石头人太过懒惰，我这个人不是很喜欢懒惰这种性格，不喜欢坐享其成，也不喜欢无所事事地挥霍集体的钱。（艾丽，公平贸易联盟，5 月 8 日）

我们石头人有着很强的道德观。（我们是有道德的人！）我们更加詹视彼此，因此，我们的社会更加和平，我们不需要去处理各种纠纷。公平贸易联盟的文化则充斥着欺诈、偷窃和剥削，目的就是为了增加自己的财富，而这根本就是毫无意义的事情，因为那根本就不是真钱。我个人更喜欢石头汤文化这样的社会。我喜欢每一个人都有自己的故事（“你的祖母好吗？”），每一个人都有闪光点，而不喜欢像自私自利、不顾他人感受的商人那样，通过一个人所拥有的财产数量来判断其价值。我们不需要赚钱，因为我们已经非常富足了，所以没有人会去占别人的便宜，也不会因为这种具有攻击性的经济而产生经济差异。我非常同情穷人，所以很自然会去帮助贫困的人和不幸的人改善生活。

商人既没有文化又缺乏道德，我对他们深表同情。他们只能用视频等冷冰冰的高科技手段来教育我们，没有家族观念也没有家庭活动。如果经过今天的讨论之后还能回到我们各自的文化中去生活，我觉得商人们最终一定会认识到自己被骗了。再过一个星期左右，我估计他们的游戏就不会再有吸引力了，到了那个时候，他们又该怎么办呢？除了自私的欲望之外，他们一无所有。石头人和商人之间的互动更加彰显了两种文化之间鲜明的对比。我一直认为我们之间的分歧很大，现在，对他

> 们的文化有了进一步的了解之后，我觉得两个文化之间的隔阂变得更大了。他们是商人，而我们是石头人。（杰西卡，石头汤，5月8日）

课后，我和瑞秋、迈克讨论了一下该如何继续进行下去。虽然我非常想听一下他们的建议，同时也非常需要他们的建议，但我却自顾自地说个不停（大吼大叫），他们两个人根本就没有说话的机会，最后只能礼貌地离开，只剩下我一个人在那里沮丧不已。以下就是我在这次三人会议上的部分讲话记录。

> 哦，老天！这个项目现在已经完全失控了，我已经控制不了它了！瑞秋恨我（可以理解），迈克正在思考该为我准备多长的绳子……才能让我吊死自己？我快要疯掉了，这件事真的让我快要发疯了。简直不敢相信！我当初真的以为自己能为两个文化设定一个人为的结束点吗？但是，我真的从来都没有想过他们的（我的！）团队忠诚感竟然会在实验活动结束以后继续存在。我本来全都计划好了的。啊！现在，我们本应该坐下来好好佩服一下自己，竟然取得了这么了不起的成就；好好欣赏一下这些堆成山的金钱，还有这些数据和观点；好好想一下怎样才能更好地把这些成果展示出来。但我们却在这里争论到底哪一种文化更好，其实这根本就不是个问题，因为文化没

有好坏之分。难道是我太天真了吗？是吗？我必须好好控制这个项目！我必须好好控制自己！优先度！优先度！课程第一！我必须先抢救课程（只剩下三个星期了！），然后再花时间详细钻研这个项目。我觉得这对我来说也是非常重要的一课（让我付出了很大代价），它让我明白了一个问题，那就是你无法废除文化。（这就是我的研究发现吗？）我一直在琢磨“进步天使”这个概念。[1] 那么我们最终究竟留下了什么呢?

5月13日：我们是我们，他们是他们

歌德将科学发现分为三个阶段，第一个阶段是对经验现象进行识别。在我们的这个研究项目中，设计实验内容的时候就对现象进行了定义，希望能够体验小型群体的文化起源。第二个阶段是在不同条件下对该现象进行复制重现。我坚信我们已经通过文化模拟活动完成了这个阶段的任务并发展出了两种完全不同的新

---

1 瓦尔特•本雅明（Walter Benjamin）在其《历史哲学论纲》第九篇中对“进步天使”有这样的描述：“保罗•克利（Paul Klee）有一幅作品名为《新天使》。画的是一个天使看上去正要由他入神注视的事物离去。他凝视着前方，他的嘴微张，他的翅膀张开了。人们就是这样描绘历史天使的。他的脸朝着过去。在我们认为是一连串事件的地方，他看到的是一场单一的灾难。这场灾难堆积着尸骸，将它们抛弃在他的面前。天使想停下来唤醒死者，把破碎的世界修补完整。可是从天堂吹来了一阵风暴，它猛烈地吹击着天使的翅膀，以致他再也无法把它们收拢。这风暴无可抗拒地把天使刮向他背对着的未来，而他面前的残垣断壁却越堆越高，直逼天际。这场风暴就是我们所称的进步。”

社会体系，每一种都拥有独特的框架，能够赋予社会事件特定的意义。我们对自己所属的体系有着极强的认同感并将另一种文化中的成员定义为“他者”。为了构建两个群体之间的界线，我们规定了复杂的行为模式并花费大量的精力去维护这些界线，同时就这些界线进行协商。

第三个研究阶段是对连续事件中出现的“抽象现象”进行识别和记录。在这个阶段，研究人员可以对其发现进行概括和总结，最终可以获得两个结果：一是将现象分离出来获取其发展的第一手资料，以便我们对其有更深的认识和了解；二是获得类似的事件序列，以使所研究的现象得以重现并供学生和研究人员识别和分析。用歌德的话来说，我们应该与现象的发展保持一致，调整我们的感官去捕捉文化的进程。我认为，我们的研究现在正处于至关重要的第三阶段，成功与否将决定学生最终能够从这门课程中学到什么东西并将决定我撰写论文的形式与结论。

我当时认为，我们面临的最大问题就是无法从模拟实验中抽身出来，无法对自己所参与的各项事件有一个综合性的认识，因此完全寄希望于课程下一个阶段的进展，希望能够通过阅读并讨论指定的研究文献来进行某种程度的干预，化解班上紧张的对立情绪，帮大家放下情感上的投入，让所有人退后一步进行更加客观的讨论和分析。我希望这些社会学理论能够帮助我们重新找回方向，为我们提供新的角度来看待文化的发展方式，同时让我们更好地理解自己为什么会有那样的感受和言行。

文化模拟过程中，我们一直都在阅读意大利学者桂塞皮·曼托瓦里（Guiseppe Mantovani）于2000年出版的《探索边界：认识文化与心理》一书。他在书中将历史事件与社会学理论结合起来，用极具可读性的叙事风格阐释了文化作为一种框架对我们的经验进行组织的方式。因此在接下来三个星期的课程里，我们将会重温曼托瓦里的理论和实例并将其与其他当代经典文献进行比较，根据我们在模拟实验中所获取的经验对其展开讨论。我们将继续要求学生在每节课后以书面形式进行反思，只不过内容不再是之前的现场记录，而是将阅读材料与模拟事件结合起来阐述自己的看法。

每节课上都会有一组学生向大家展示不同的阅读材料，然后负责组织全班进行讨论。我的计划是让学生自己报名选小组，然后讨论决定每个小组的议题。我拿出一张小组签名表递给坐在前排的一个学生，让他们逐个往后传，每个学生都在想要加入的小组后面签名。之后我就去忙自己的事情了。当所有人都签完名以后，我要求最后那个学生按小组宣读姓名，这样大家就知道自己的小组里都有谁，然后坐在一起进行讨论。但结果是，没有一个人站起来换座位。我们这才意识到，不光分属两种文化的学生之间在自选小组中毫无交集，而且大部分小组都是根据原来的石头家族或者贸易公司划分的。我很生自己的气，恨自己为什么没有想到这一点，为什么没有强行给学生划分小组。但考虑到学生们现在对彼此已经变得文明礼貌多了，所以我们也不想再去打破这种平衡，只能听之任之，继续进行下面的内容。

下一项任务是简要学习一下《探索边界》前几个章节的内容。在这几章里，曼托瓦里主要讲述了哥伦布初见加勒比地区原住民以及后来对他们进行剥削的相关历史记录。首先，我们让学生分小组阅读曼托瓦里的文章，然后问他们阅读过程中印象最深的是什么，以及曼托瓦里的观点中有哪些特别适用于我们模拟活动中的跨文化接触。

“石头人是落后民族。”“他们什么都不懂。”“他们不知道怎样保护自己不受欧洲人的剥削和侵犯。”从商人们的这些评论中，你很难判断他们到底是在说加勒比地区的原住民还是在说模拟文化实验中的石头人。但有一点非常明显，那就是他们认为二者互为映像、难分彼此。值得注意的是，没有一个商人提到自己有点像哥伦布手下的一员（不过有人在稍后提交的现场记录中提到了这一点）。而石头人则很快就将商人和哥伦布联系在一起并将商人们对如此明显的事实视而不见这一点当作证明商人与哥伦布的手下非常相似的证据。

丹尼斯（石头人）认为，根据曼托瓦里在书里写明的定义，石头人与商人交往的体验是“跨文化接触”，但商人的体验却不是。为了证明自己的这一观点，他特意朗读了书中的一段文字：“如果不将对方考虑在内，如果对方不说话、不是作为人类而存在、没有公认的权利，那我们还能称之为‘接触’吗？”

他的观点马上引来了商人们的反对：“但是你们可以说话！你们可以说英语！”

丹尼斯反驳道："没错，我们是可以说话，但是你们根本就不听我们说话，因为我们所说的不是你们的秘密交易语言。"

短暂的讨论过后，杰米（石头人）站起来大声朗读了以下段落，表明石头人为获得"高贵的野蛮人"这一标签而感到骄傲和自豪。

> 哥伦布以为自己懂得土著居民的语言和思想，但实际上，他的"懂得"和真正的"懂得"相差十万八千里。他这种莫名的自信表明，欧洲人不仅难以和他人交流，同时也很难承认自己在文化上同样也属于"他者"。交流与沟通的发展要求对话双方必须存在共识，只有在这种共识的基础上才能进一步探索相互之间的意图。但是，哥伦布和阿拉瓦克人之间并没有这样的共识，不过哥伦布对此倒是并不担心（读到这里时，杰米特意停顿了一下以示强调，然后提高音调一字一顿地继续往下读），因为他虽然听不懂他们的语言，但他知道那些土著"国王"会拱手奉上他们所拥有的一切。（曼托瓦里《探索边界：认识文化与心理》）

听完这段话以后，商人们全都目瞪口呆。他们反驳道："根本就不是这样的！是你们自己想把钱全都给我们！"

"不！是你们想要拿走我们的钱，我们之前没遇到过这种情况，根本就没办法阻止你们。"

“这话是什么意思？你们可以拒绝啊！”

“我们不能拒绝。你们不明白，我们不能那么做。”

“为什么不能？你们不是能说英语吗！”

“你们还是不明白。石头人一直都是慷慨大方的，我们不能把金钱看得很重。因为对我们来说，金钱一点都不重要。”

商人们听了石头人的话以后纷纷摇头，他们想不通为什么同样的语言会有如此不同的含义。迈克提议我们细读“成熟的西方世界遇上原始的土著社会”这个故事，这无疑是个很好的教学机会，可惜时间并不允许。

我觉得阅读还是发挥了一定的作用，它让石头人找到了可以表达自己的语言，而这正是他们一直以来想要告诉我们的：石头汤文化中没有可以用来与商人进行互动的社会活动。对此，商人们表示：“你们不是能说英语吗？那你们为什么不把自己的想法说出来呢？”这让我们（包括石头人和研究团队，但很有可能并不包括大部分商人）意识到，这并不是语言的问题。石头汤文化的根本理念决定了其与人互动的规范，石头人不可以将财富据为己有而不与商人们分享。公平贸易联盟的信条就是积累个人财富，隐藏在这一信条背后的理念就是可以无视审美、无视道德，同时这也让商人们一眼就能看穿石头人所处的困境。石头人认为，假以时日，他们也会发展出更好的自我保护策略，但这就意味着他们要对自己所詹视的世界观和价值观做出巨大的改变。

这一切在现在看来一目了然。但在当时，当我发现不论是曼托瓦里的话还是石头人的新发现都无法改变商人们傲慢的态度时，我感到惊讶和失望。他们一个个难以置信地摇着头，像是无法相信石头人竟会如此愚蠢，无法理解石头人为什么心甘情愿地身陷于这种道德困境。正如布鲁诺在课后反思中所写的那样，商人们无法像石头人那样将自己的亲身体验与课堂阅读材料的内容结合起来。

> 有些事情是商人们可以做而石头人不能做的，反之亦然。例如，石头人不能想方设法多赚钱，因为在他们的文化里，金钱毫无意义；而在公平贸易联盟的文化中，金钱就是一切。有些石头人指出，我们就像哥伦布一样想要征服不同的文化。但我们商人的行动也要受其文化地图的制约，我们不是注重群体生活的石头人，而是商人，商人的目标就是赚钱。我想起了石头人发起龙卷风行动那次我说过的话，当时我半开玩笑地说，既然他们不重视我们，那我们就应该碾压他们。或许我当初的这番话或多或少地体现出了商人的思维方式。如果时间充裕，我们或许早就已经碾压他们了。（布鲁诺，公平贸易联盟，5 月 15 日）

在《探索边界：认识文化与心理》这本书的第四章里，曼托瓦里将西班牙探险家巴卡（Alvar Nunez Cabeza de Vaca）与笛福（Daniel Defoe）笔下的鲁滨逊做过对比。巴卡的船只在佛罗里达海岸失事后赤身裸体、身无一物，最后却拥有了兼备印第安文化和西班牙文化的跨文化身份。而鲁滨逊则凭借其原有文化的工具和技能成功地统治了异国的岛屿。石头人用曼托瓦里的故事解释商人们的某些行为。他们发现，商人访问石头汤领地时的表现和他们在自己地盘上的表现完全不一样。他们觉得，商人们在自己的领地上更倾向于无视到访的石头人，和石头人互动的时候“全都一个样”“专横”“紧张”“不顾他人感受”，很少有眼神接触，对话内容仅限纸牌游戏。但是，一旦商人来到石头人的国度，他们中的某些人就突然变成了个性鲜明的人，虽然很多商人仍然十分算计、具有攻击性，但还是有一些人变得更加放松，对石头汤文化很感兴趣，甚至变得友好起来。石头人据此推断，如果继续发展下去的话，这些商人早晚会变成像巴卡那样的跨文化人。不少石头人相信，如果能对公平贸易文化有足够多的了解，他们自己也会变成跨文化人。

我格外关注商人和石头人之间的互动，希望能看到石头人提到的那些友好瞬间。但是说实话，就商人对待石头人的态度而言，我所看到的更多是一种假装出来的容忍。不过我注意到，商人之间倒是有不少友好的互动，而且全班学生在一起的时候，商人只喜欢和商人相处，只有当他们身处外国、身边没有同类、被外国人包围的时候，商人才会放弃自己的行为方式，和“外来者”进行“友好”互动。

课堂上，商人们不大愿意对此发表评论，只有布鲁诺态度傲慢、毫无歉意地当众宣布：“我们不想变成你们，也不想偷你们的东西，我们只想跟你们做交易赚钱。就这么简单，你们为什么就是理解不了呢？”虽然这个话题到此为止，讨论继续进行，但是大部分商人在稍后提交的现场记录中表达了对布鲁诺的认可。米歇尔写道：“我不知道和其他社会互动有什么重要意义。没错，能拿到外币对我们来说很有好处，但是这一点通过交易就能做到。不和其他社会合作，我们也能过得下去，我们的社区也能繁荣和发展。”只有罗宾一个人对此有异议：“石头人想给我们机会好好了解他们的文化，但我们根本就不予理会，这让我觉得十分难过。我认为，我们应该想办法成为他们更好的邻居，甚至可以跟他们交朋友。”

这一次，商人们先行离开了教室，这是自课程开始以来的第一次。有几个石头人留下来彼此交谈，然后跟我回办公室，一直待到我下班。上个星期，我曾在班里宣布，感兴趣的学生可以申请下个学季的自主研究名额，主要任务是帮我整理和分析现场记录资料。接下来的一个星期内，我收到了六份申请，全都是石头人提交的。（后来又过了很久才有两名商人也提交了申请。）

5 月 15 日：我们和他们，永远这样下去吗？

我们在课堂上的讨论话题是谢里夫著名的罗伯斯山洞实验。研究人员组织 24 个年龄为 12 岁的男孩在俄克拉荷马州威尔伯顿郊外的营地度过一段与世隔绝的时光，目的是验证两个假设命题：（1）

当一群之前没有任何关系的个体聚在一起并在目标一致的集体活动中进行互动时，一个具备明确角色分工及行为规范的群体结构将应运而生；（2）如果组建两个内群体并在竞争的条件下引入功能性关系，则这两个群体对“外群体”的群体挫败感、群体态度及群体敌对行为也将应运而生，而且这些将会被群体内的成员进一步标准化。我们之所以选择谢里夫的论著作为课堂阅读材料，是因为其研究项目的目的和方法和我们的项目有很多相似之处，可能最大的不同就在于谢里夫和他的同事是从外部观察员的角度对实验对象的行为进行观察，发现关联因素并发展理论；而我们的研究人员则全程参与模拟实验并向参与该实验的其他人进行必要的解释，以内部人士的身份对文化的起源做出多元描述。

谢里夫挑选了在实验开始前互不相识的一群男孩，以此保证最终的实验结果不受实验对象之间已存在的问题或者已有的个人关系所影响。研究人员对实验对象进行了严格的筛选，因此，24个男孩全都是白人和基督徒，均来自收入稳定的中产阶级双亲家庭。谢里夫将他们分成了两个实验组别，尽可能保证小组内部成员在生理和心理特点上的一致性。例如，每个小组里个头高、中、低的人数相等，性格外向的人也平均分配到两个不同的小组。在实验开始以后的前几天，两个小组之间完全没有任何接触，男孩们在自己的小组内参与各项传统的夏令营活动，包括游泳、徒步旅行、划独木舟、野炊等。

与研究人员当初预想的一样，两个小组内发展出两种不同的迷你文化，有各自的名称和图腾（“响尾蛇”与“老鹰”），每个小组内部都出现了稳定的、可识别的社会等级制度，产生了适当的行为标准和规范。例如，被“响尾蛇”小组默许和纵容的骂人行为在“老鹰”团队属于明令禁止的行为；“老鹰”们喜欢裸泳，而“响尾蛇”们如果忘记带泳裤就不会下水；“响尾蛇”的信条是坚韧，而“老鹰”们则会当众大哭，受伤或者想家的时候也不会受到同伴的责难。当两个小组的成员得知另外一个小组的存在时，他们不约而同地提议双方进行一场运动竞赛，而这也正是研究人员计划要做的事情。双方的这一提议具有非常重大的意义，因为这表明两个小组在不知道对方存在的时候就已经发展起了群体团结。

谢里夫的实验进入第二个阶段，研究人员通过精心安排让两个小组的成员在日常活动中“偶遇”并通过巧妙的暗示让他们自发组织一系列的小组竞赛，获胜的一方将会赢得一个奖杯，获胜小组的每个成员都将得到一把全新的折叠小刀，而败北的小组则一无所获。从宣布举行竞赛活动的那一刻起，两个小组的成员就开始不放过任何一个侮辱对方成员的机会，有时还会向对方扔松果、在对方的临时住所乱涂乱画、破坏对方精心布置的游戏场所。

研究人员精心设计了各种游戏项目，这些游戏实际上也是小型实验。通过这些活动，谢里夫发现，各组成员在态度上和判断上均始终且明显地偏向自己所在的小组。其中有一个游戏要求每个成员去捡散落在草地上的豆子并要求其他成员估计每个人捡到的豆子数量，然后通过投影仪将其最后成绩展示在营地食堂的屏幕上。不过，研究人员对整个展示系统做了手脚，每次屏幕上显示出来的都是 37 颗豆子，但实验对象对此并不知情。结果他们每次都会高估自己组员的成绩而低估对方组员的成绩，相差量大约为 10 颗豆子。

研究人员对十几项实验活动的结果进行了综合分析之后发现，获胜的一方在内群体偏好和外群体偏见的程度上总是更强一些。而在此之前，学者们普遍认为增加挫败感会导致针对“外群体”的攻击性提高，失败的一方更倾向于偏袒自己、嘲笑对方。但是，罗伯斯山洞实验的结果表明事实并非如此。

此外，罗伯斯山洞实验还揭示了两个小组内部发生的变化。谢里夫注意到，实验刚开始不久，两个小组内就形成了权力等级，这并非表现在小组成员对待彼此的方式上，而是表现在小组活动中主动权和决定权的归属问题上。第一周结束以后，两个小组都有了自己的领导人（“响尾蛇”小组的米尔斯和“老鹰”小组的克雷格），而且他们自己也承认这一点。从这时开始，组内地位较低的成员的任何提议，都需要得到米尔斯或者克雷格的批准方能生效。但是，“领导人”的领导权也有一定的限制。不论对哪个小组而言，棒球这项运动都十分重要，而米尔斯和克雷格却并不是两个棒球队的队长。当然，米尔斯和克雷格还是可以就自己在比赛中的位置向队长提要求的，而且这些要求通常都能得到满足。但是，当“老鹰”小组的克雷格想要担任裁判时，包括队长在内的整个小组都表示不赞成，他们觉得应该让工作人员担任裁判。克雷格对此表示接受。他似乎跨越了某些虽然没有明说但是大家都心照不宣的界线，因此最终选择服从大家的意见，并没有抱怨。在棒球场以外的其他任何场合，谢里夫并没有发现多重领导的证据。群体结构一经建立起来，整个实验过程中都保持稳定并经常在各种活动中浮现出来。

在罗伯斯山洞实验的最后一个阶段，研究人员设计了一系列单个小组无法完成的任务，从而在两个小组之间建立起一种相互依存的关系，所有实验对象必须面对共同的问题，携手规划解决方案并一起执行这些计划。在这一阶段，之前一直存在的小组间摩擦得到缓解，组员之间也更加倾向于互相合作、互相帮助。根据谢里夫的描述，所有观察人员都对两组成员在行为方式及互动模式上的变化感到吃惊。研究人员在实验最后阶段开始之前和结束之后均要求参与者提交书面的评估意见，从六个不同的方面对本组和另一组进行印象评估。结果表明，他们不仅对另一组的负面印象程度有所降低，对本组的正面印象程度也有所降低。

罗伯斯山洞实验结束以后，谢里夫认为，小规模群体的组成和运作有三个主要因素。第一个因素是找到一个能够促进互动的共同目标。这些互动所产生的效果必须和小组成员自行活动所产生的效果有所不同。对此，谢里夫曾以拔河比赛为例加以阐释。没有人能够抵挡得住竞争的诱惑，而且在此类活动中，仅凭个人之力是无法完成的。第二个因素就是产生能够将“内群体”与“外群体”进行明确区分的群体结构和稳定的群内关系。这一过程通常伴随着这样一个现象，即组员更倾向于担任自己能够胜任的角色或者从事自己擅长的工作，领导人的出现会使该过程变得更加顺畅，因为这样可以保证所有组员，即使是不太具有进取心的组员，都能够发挥自己的作用。第三个因素是将一整套行为规范标准化，对群内的关系和活动及其与非群内成员和其他群体之间的关系和活动进行规范化的管理。这些要素的形成与发展均需要一定的时间，其强度与存续时间长短均与群体的历史广度和显著性直接相关。

我希望参与我们这个研究项目的学生能够通过实验过程了解这三个因素并在实验结束以后获得谢里夫在实验报告中提到的那些感受和认识。我们的实验和谢里夫实验的不同之处就在于，我们对人的评价依据并非他们实际的所作所为，而更多的是他们身为团队一分子所应该做的事情。

乡村股份有限公司团队（商人）负责主持罗伯斯山洞实验的讨论。他们的关注点主要放在两个小组之间的关系上，尤其是两个阵营彼此诋毁这个问题上，并将罗伯斯山洞实验的参与者和我们的两个文化小组进行了类比。但是，他们对探讨罗伯斯山洞实验参与者初期对自己所在群体的认同以及群体内关系和行为发展等章节的内容却一带而过。

为了方便大家将这些资料用在对话和讨论中，迈克教授打算将谢里夫书中的某些段落投影到教室前面的大屏幕上，但投影仪出了点故障，于是迈克教授忍不住说了句脏话，结果坐在教室后面的一个商人大喊了一声“祖母”。很多人哈哈大笑起来。石头人不知道发生了什么事，于是南森解释道：“迈克教授刚才骂人了，所以哈里祖母了他。”我们这才知道，原来“祖母”还可以用作动词。

这一小插曲过后，投影设备开始正常运作起来，出现在屏幕上的第一段文字就是关于罗伯斯山洞实验参与者如何在开始后不久就迅速表现出对本群体的偏袒。石头人和商人都举例说，在第一次出访的小组回来以后，他们便根据同伴们的描述生成了关于对方小组成员的刻板印象。亚伦说：“我们甚至都还没有见过面，但却已经对彼此有了相当明确的判断，这一点还是挺让人吃惊的。”迈克教授对此有不同意见：“但事实证明，这些判断都是正确的，不是吗？”教室里一片附和声，过了一会儿又发出一阵自嘲的笑声。迈克教授也笑着说：“那些第一印象现在还是没有多少改变吗？”当天晚上提交的现场记录中，大家写得最多的就是这件事。其中，商人安娜是这样写的：

一般情况下，不管班级人数是多还是少，班上通常都只有我一个黑人学生，所以我知道，不能根据肤色、国籍或者其他第一印象对人做出评判。当我听完乡村股份有限公司的人对第一次会面场景的描述并据此对所有石头人做出评判的时候，我自己都感到吃惊和难堪。其

> 实回过头来认真想一下，乡村股份有限公司的人当时也只是见了几个石头人，而且交谈时间也不长——不超过10分钟，回来以后花5分钟时间跟我们说了说那边的情况，于是我们就根据这些情况得出了关于石头人的所有结论，而且在整个模拟实验过程中都抱着这些结论不放手。哇！这不恰好符合曼托瓦里所说的那种情况吗？这不就是我们认为古老文明做得不好的地方吗？虽然现在已经是2008年了，但我们在这方面却并没有多大的进步，想起来就让人沮丧。（安娜，公平贸易联盟，5月15日）

不少石头人和商人在现场记录中也表达了和安娜一样的情感，同时还感慨第一印象的巨大威力，就算是“二手”的第一印象也具备非凡的影响力。有些人还在思考二手信息中到底包含了多少“真实信息”。朱莉对此有这样的思考：“……就算商人们真的是那样对待杰米的，那我又怎么能确定他们也会这样对我呢？结果我根本就没给他们善待我的机会。”

谢里夫在实验报告中对男孩们自行发展出来的权力等级进行了详细的描述，我们在课堂上也花费了不少时间讨论这个话题。虽然我在模拟实验过程中注意到，每个商人小组都有一个人在活动中担任领导角色，但只有两个商人在自己的记录中提到过群体领导这回事。这让我十分吃惊。其中一人是斯特拉，她在现场记录中哀叹自己的小组里一切都由男生说了算。“萨姆提议，在石头人来之前，我们应该先在组内进行交易，大家都认为这是个好主意。其实我之前也这样提议过好多次，但你们应该也知道这个世界是如何运作的，一句话如果不是出自男人之口，那就不会有人真正去倾听它。”第二个提到团队领导的人是崔维斯，他这样写道：“在乡村股份有限公司，我绝对不是领导。米歇尔会记笔记，然后把作业文本发给我们。虽然不愿意承认，但泰勒的确是最好的商人。我自己可能只是个小丑的角色，要么自己寻开心，要么逗其他人开心。”

和商人们形成鲜明对比的是，有几个石头人在记录中提到，自己家族的每位成员都有明确的职责。赛勒写道：“我不是我们家族的族长，也不是族宝，但我扮演着自己的角色，我能感受到大家对我的需要，这让我觉得十分自在。有一天我没来，结果所有人都说我不在的时候一切都不一样了。这让我感觉很好，因为我相信他们说的话；同时我也感觉很不好，因为我让他们失望了。”亚伦写道：“除了西妈和族宝以外，我们家族里的每个人都有事做，我们还有专门照顾族宝的人，那就是我。”

在课堂上，丹尼斯（石头人）说两种文化最大的区别就在于，群体内的竞争是公平贸易联盟的显著特征，而石头汤文化则强调群体内的合作。对此，布鲁诺表示：“没错，我们的确重视竞争，但我们彼此之间也有合作。”然后，他指着坐在稍远处的一位商人（米歇尔，她是公平贸易联盟交易游戏的总冠军）说：“比如说她。交易活动正式开始之前，我们两个人总是会先交易，这让我们更容易凑够一套牌。”还有几个商人承认自己也是这么做的，有商人指责他们这一行为是欺诈。石头人米兰妮则用难以置信的语气说：“她？你竟然连自己姐妹的名字都不知道？”布鲁诺想了一会儿，哈哈大笑起来，然后回答道：“她不是我的姐妹。”

商人崔维斯辩解说，商人之间实际上已经发展出了一种友情，只不过石头人没有看到罢了。同在校棒球队效力的商人泰勒和布莱恩也表示，公平贸易联盟内的竞争就像运动场上的竞技一样，大家都尊重对方，同时也尊重对方的技能。然后泰勒表示，石头人之间肯定也会存在某种程度的冲突，这是毋庸置疑的。结果在场的所有石头人都否定了他的看法。石头人丹尼斯对家族其他想要辩解的成员说：“别浪费时间了，他们唯一能够理解的东西就是钱。只有给友谊标上价格，他们才有可能会想要它。”石头人曼蒂马上跳起来响应道：“没错！不过就算他们想要，他们也不会用宝贵的金钱去买。”

5月20日：是的，就这样，直到永远！

这一次的课堂阅读材料主要是关于文化叙事、剧本以及图式的一些内容，摘录自派克汉姆（Morse Peckham）、韦尔奇及布鲁纳等人的作品。课堂上，学生们想尽办法设计一个在逻辑上站得住脚、各方都能接受的故事版本并在随后提交的现场记录中综合考虑各种可能性，为自己打造一个人物角色。商人们一般会用“资本主义”“企业精神”“自由市场”等理论为自己的游戏方式进行辩护。商人萨姆这样写道："真实的世界就是这个样子的，我们获得了宝贵的经验并将终身受益。至于石头人，我不知道他们从中学到了什么。我觉得他们是在浪费时间。如果想要和朋友在一起的话，那待在家里就行，为什么还要来上大学呢。"

石头人继续占领道德高地，表示他们每一个人都与石头汤文化高度契合。杰米写道："我认为，这门课程让我展现出了自己身上最好的一面……我很高兴能够有机会参与创建一种相互尊重、相互友爱的文化，而不是一种斤斤计较于金钱得失的文化。就算我们踏入外面真实的社会，这也是我们奋斗的目标。"贝莉将自己所属的"爱"家族描绘成了和平的使者："我们总是想让每一个人都开心，同时也会想方设法营造出一个正能量的氛围，比如说，我们会播放音乐、鼓励大家跳舞。有些时候，我们会自发地唱起《别担心，要开心》或者《你是我的阳光》等歌曲。我们为班级营造出了爱与和平的氛围。大家可能都觉得我们是一群嬉皮士，我们喜欢这个形象。"

乡村股份有限公司的商人们在课堂上总是趾高气扬的，这种傲慢的气息甚至出现在他们提交的现场记录中。虽然他们组的成绩并不是最好的，但不管是从他们的言谈举止上还是从他们的书面文字里，你都看不出这一点。崔维斯这样写道："我们是最佳文化中的最佳团队，这全都是我们努力的结果。假如我们组被分到了另外一个文化，我们肯定会超过他们现在的表现。我相信我们能做到这一点。虽然有可能跟我们现在取得的成绩有所不同，但我觉得至少不会像他们现在那样差劲。”

其实我们在日常生活中也会遇到类似的情况，也会很自然地从事某些文化实践，不同之处就在于，我们现在很清楚地知道自己参与了文化的起源，并且有理论知识的指导。我本以为这种科学的方法可以在某种程度上减少过去六个星期内产生的情感效应，但事实证明我想错了。恰恰相反，分属两种不同文化的学生都很擅长断章取义地对社会学理论进行阐释，选取对自己有利的角度，强调自己的故事，突出自己的文化。这个阶段本来应该是让全班学生变得更加团结的阶段，结果他们却更加维护早前建立起来的文化边界，同时还用刚刚学到的理论知识对其进行加强和巩固。

快下课的时候，石头人弗雷德里克表示：“我们的文化比商人的更加真实，也许是因为我们更加重视历史的构建。我们通过讲述自己祖母的故事分享彼此的历史，所有故事合起来就让我们产生了一种真实的历史感。这是我们的根基，而你们没有。你们只有银行，根本就没有真正的文化。”

商人萨姆不同意弗雷德里克的观点：“你们不懂我们的文化并不意味着我们真的就没有文化。你们没有身处其中，所以你们没有发言权。”

石头人杰米反驳道：“你们想要我们手里的很多东西，比如说我们的钱和我们的艺术作品，但你们手里却没有任何我们想要或者需要的东西。说实话，我真为你们感到难过，因为我们有的东西你们全都没有。关于这一点，你怎么解释？”

当时并没有商人站起来给石头人一个解释，但事后有几个商人在自己的现场记录中提到了这个问题。

石头人今天在课堂上说我们没有真正的文化，这让我想起了曼托瓦里在第五章里引用过的一段话，那是《爱丽丝镜中奇遇记》中关于爱丽丝和独角兽的一段话："独角兽以为爱丽丝是怪物，因为他之前从未见过像她一样的生物。但是震惊过后，他没费多大力气就认识了她，而且这种认识是相互的。爱丽丝对此也表示接受。于是，这两个传说中的'怪兽'就这样实现了相互了解。"我认为，石头人或许只是不愿意承认我们所拥有的东西也和他们的一样詹贵。如果文化与文化之间能够达成相互理解，那就不会存在文化障碍，世界上的很多问题就能得以解决。（杰夫，公平贸易联盟，5 月 20 日）

说实话，我很生气，他们居然说我们手里没有他们想要或者需要的东西，这实在是有点可笑。我觉得石头人很没礼貌，就像他们不来上课那次，连声招呼都不跟我们打。他们明知我们当天会去他们那里访问，但是居然都没想到要派个人来跟我们说一声，告诉我们他们要出去避一下或者需要帮助。因为他们的失礼，贝拉贸易公司那天都没有赚到钱，这让我特别不高兴。到目前为止，

> 除了这件事以外，石头人和商人之间其实并没有什么深仇大恨。但他们现在把整件事都给毁掉了。在我们和石头人之间，很显然，我们才是真正受益的一方。如果时间够长的话，我们一定能够打垮他们，这样就能证明我们才是上等人。哈！（布鲁诺，公平贸易联盟，5月20日）

观察员伯纳德的评论如下。

> 今天，石头人忽视了一个问题，那就是商人的文化其实也和他们的文化一样复杂。不管怎么说，我觉得整件事就像是有人把派克汉姆的比喻演给我看一样：瑞秋和黛比是导演，剧本是两个文化的创建故事以及与之相关的物品，每个参与者都是演员，都在扮演他们自己的角色。瑞秋和黛比提供“骨架结构”，每个人通过即兴发挥和创新自行填满其中的空隙。而这些来自个人即兴创作和创新的内容是无法事先预测到的，是通过对不同文化的感受而逐渐出现和形成的。商人的故事强调智慧和勤奋，他们看到石头人大方地“送钱”，所以以为从石头人手里拿钱没问题。此刻，我坐在这里思考自己从这门课程中学到了什么，我只能说，生活是复杂的！今天的课堂讨论表明，我们很难理解别人的文化，很多时候，我们都只是泡在自己的文化中，根本就不会停下脚步想一想自己为什么要这么做。但是，当外国人来到我们这里时，我们就会意识到自己的文化是不一样的，我们需要从外人的角度来

看问题，并且充分认识到，这个世界上有很多种不同的生活方式。（伯纳德，5 月 20 日）

此刻，瑞秋已经放弃了帮助商人更好地理解石头人文化这一想法。她在自己的笔记里说道，她已经不再把我看作她的盟友，而是把我看作一个深受商人文化影响的人，一个商人文化的成员。

> 弗雷德里克指出，在创建共享历史方面，石头人比商人更加努力，但当时似乎并没有人在乎这一点。梅丽莎再次提出质疑，她想知道商人们除了交易还会做些什么。随后，杰米和迈克也提出了同样的问题：商人的文化中除了游戏还有什么？商人们似乎有些慌乱，并没有给出具体的答案……像往常一样，双方就“财富”和工作热情进行了辩论。商人们表示他们必须为赚钱而努力工作，而石头人什么都不用做就能坐拥金山。辩论结束以后，黛比对“爱”家族说：“你们手里有他们需要的卡，还有很多钱，他们必须通过自己的努力才能得到这些财富。”很不幸，他们只能想到这一点。

我不想质疑瑞秋，但我真的不记得自己说过这样的话。我自己的记录是这样的：

> 两种文化比以前更加分裂了，双方都用自己的亲身经历为文化下定义，解释什么是文化。他们都认为自己所在的文化更好，认为对方的文化只不过是在演习、是一种游戏，而算不上是真正意义上的文化。我觉得我们好像是在一遍又一遍地重复同样的争论，双方谁都不会改变自己的观点。或许我们应该求同存异，继续进行下去。瑞秋非常努力地想表现出友善的样子，但我知道，她和我一样，也是深陷其中不能自拔。

我在这一阶段的记录简直是不忍卒读，而瑞秋的评论则更让我痛苦不已。我对自己的行为方式始料未及，直到现在也并不以此为傲。我发现我几乎不可能描述出自己当时的所思所想。我本能地想证明自己以前说过的话站得住脚，但事实是：我是一个商人，而当时，商人的理念受到了攻击。大学环境下普遍流行的是自由学术思想，而商人的资本主义价值观是受到贬低的。我很愤怒，戒心很重也有很大的抵触情绪，而事情也因此变得更加糟糕。

5 月 22 日及以后：实际收获

随后几天，学生们阅读并讨论了关于文化规范及文化产物的起源和演变的相关理论。这学季剩下这段时间最大的特点就是，学生们开始掌握了课堂上的主动权。这次文化模拟实验是在学生阅读清单上所列学者的某些理论基础上设计出来的，当他们了解到这一点以后，教室里顿时一片喧哗，所有人都想用自己的亲身经历告诉大家某位学者的假设是否能够成立。在学生们的要求下，我们经常放慢课堂进度，对某些章节进行细读，让他们就学者的观点以及这些观点是否适用于石头汤及商人文化展开激烈的讨论。

当我们讨论到美国社会学家法恩“自文化”这一概念时，公平贸易联盟的几名韩国学生和大家分享了他们的经历。杰西卡和萨姆说他们在其他班上了解到，韩国人对美国人有一种“非常偏颇和理想化的”（杰西卡）看法，他们认为，美国人较为开放、为人慷慨、待人友善、值得信赖。“韩国人认为，美国人做生意的时候通常都高度诚信。”（萨姆）杰西卡说她和她的韩国朋友在实验过程中曾一度纠结于自己的忠诚问题。“我以前从来都没想过自己脑子里还会有这样的想法，我觉得自己应该首先忠于其他韩国学生，然后是美国学生，最后才是不包括韩国在内的其他亚洲学生。”接着，杰西卡向其他韩国商人道歉，说自己不该认为他们也和自己一样。但有些韩国学生表示，他们的确也有过类似的想法，只不过他们自己当时并没有意识到而已。

在接下来的讨论中，有几个韩国学生（全都是商人）表示，被分配到一个人数较少的交易团队让情况变得更加复杂。他们发现自己的队员属于不同的种族，而相比之下，其他团队的构成则较为统一。和非韩国学生结盟并与另外一个团队的韩国学生展开竞争，这并不是一个轻松的决定。当然，最后获胜的总是对团队或者“家族”的忠诚，但这一过程中总是会有不少深思、反省和疑惑。对于自己在这方面表现出来的与众不同，这些学生们表达了自己的吃惊和遗憾，然后长篇大论地讨论这些情感是否只有在课堂模拟活动中才会表现出来，是否在其他校园互动中也有但却没有引起注意。

我觉得石头人肯定也会有商人的这种体验，两种文化终于找到了共同点，想到这，我不禁有些兴奋。但石头人斯蒂芬妮的一番话马上就证明我想错了。她说：“我也是韩国人，假如我被分到公平贸易联盟那边，我是绝对不会像你们那样剥削和利用别人的。”商人布鲁诺马上跳起来反驳道：“但你没在我们这边，所以你没有发言权！”于是，新一轮的争吵又爆发了，不过这一次主要是两边的韩国人在吵。

我们在课堂上讨论了一个十分重要的话题：两个文化内部文化产物的使用和转变。课堂阅读材料是罗斯（Edward Rose）和菲尔顿（William Felton）两位学者在1955年发表的论文《文化实验史》，文中探讨了出现可称之为文化产物的、某些共同经验的基本表达所需的最低要求。他们将最低限度的文化定义为“一个人作为社会一员所获得的能力和习惯”并将规模不大的人群聚集在一起以促进行为习惯的产生和发展。

罗斯和菲尔顿组织了一些非正式的小群体活动，活动中要求参与者仔细观察罗夏墨迹测试卡片上的图案，然后开发出一系列描述性标签词汇来指代不同的图案。接下来的每次活动都会对之前的内容进行讨论，让每个人都有机会重复（或者不重复）之前由其他人或者本人创造出来的标签词汇。随着实验活动的不断推进，研究人员会将参与者重新分组，这样一来，由某个小组的某位成员发明出来的词汇就能被同组其他成员借用并经过不断重复而形成习惯，最终经由该组成员传播到其他小组并为其他参与者所接受。

罗斯和菲尔顿将这些描述性标签分为“发明”（该描述首次出现）、“文化借用”（同一次活动中其他人对某个描述进行重复）、“习惯”（随后的活动中同一参与者重复使用某个描述）、“文化习惯”（借用他人的描述并形成习惯）四个类别。两位学者发现，虽然“发明”“借用”和“习惯”会受不同社会环境的影响，但一旦某个描述成为“文化习惯”，则其使用频率就会大大提高，且不受社会环境的影响。换言之，一旦某个描述为大多数人所接受，则该描述的使用就会在该小组内保持稳定水平。另外一个较为令人瞩目的发现就是，当某个描述变成“文化习惯”以后，发明创造（就特定墨迹卡片的创新描述）即宣告停止。

罗斯和菲尔顿的实验为文化起源的探究提供了一个聚焦式的可控的观察角度。他们就小组如何创造并传播其信息分类及分享方式做了专门的研究，其研究成果对研究小组内部及不同组别之间文化的创建、采纳和调整等问题均有很大的启发。我们的研究同样关注新的交流和沟通方式（语言、手势、行为模式）在小群体内是如何产生、如何确立、如何存续以及如何变化的。不过，我们所使用的方法有所不同。罗斯和菲尔顿将这些相关行为分离出来进行研究，在实验室环境中对文化进行衡量；而我们的目标则是在更加自然的环境中对所产生的可见情感、价值判断和个人努力等现象进行观察。我们希望可以借用罗斯和菲尔顿研究中所使用的词汇对文化模拟活动中出现的文化产物进行讨论并运用他们的方法对这些文化产物随实际情况需要而发生的转变进行追踪。

我们先让两个小组围绕罗斯和菲尔顿的作品展开讨论，然后找出其文化产物转变的具体例子。商人们不假思索地选了“祖母”这个词，然后在白板上画了一张图，展示这个词是如何在模拟活动中获得全新的含义并不断扩展的。而石头人的进展则不是很顺利。他们讨论了如何将商人的钱变成手工制品，但是不知道如何用罗斯和菲尔顿的逻辑来解释这个例子，最后，他们决定选择改变纸牌游戏的规则以防外人破解他们的文化之谜这个例子。

瑞秋鼓励全班学生思考原始的巴法巴法游戏流程，要求大家想一下这些流程在我们的模拟活动进程中有哪些被选用、哪些被无视，以及它们具体是如何被阐释和运用的。随后，石头人贝莉说：“哦对了，还有一个例子。我们把带头像的扑克牌举在商人面前，表示他们违反了规定。”说着，她把一只手举到额前做了演示。这时，坐在后排的三名商人不约而同地也把手举到额头，拇指与食指呈九十度角摆出大写的字母“L”（是“失败者”这个英语单词的首字母。我当时非常生气，狠狠地瞪了他们一眼）。幸好只有几个人看到这一幕，而且他们都没有出声。

我们借此机会向学生指出，我们在模拟活动中的这些体验表明，文化历史调解是创建同化与顺应的核心过程。同化与顺应是瑞士心理学家皮亚杰（Jean Piaget）提出的两种互动过程。他认为，来自外部世界的信息正是通过这两种过程被个体加以内化的。在同化的过程中，个人对外部世界的感知被纳入其内部思考过程，在此过程中，个人原有的意义构建不曾发生改变；而在顺应的过程中，个人则对现有的逻辑结构做出改变，以适应新的信息。

我们首先讨论了“祖母”这个词的两种用法：一是用来指代受人爱戴的家族成员，二是用来表达对他人行为的不满，然后讨论了钱作为货币和艺术品的两种功能。这两个例子都显示出了社会文化调解所具备的力量，它能够根据接收方文化的意义体系来改变某个社会表征的含义。而发生社会文化调解的必要条件就是必须对意义进行积极而富有想象力的改变，从而让看似普通的符号（家族关系或者金钱）在一个群体的互动中得到普遍的使用。在此过程中，该符号的含义已经发生了改变，能够更好地服务于群体之间的互动。

在我们的模拟活动中，文化因素包括文化起源故事、一整套与起源故事价值体系相符的文化活动，以及在参与者以前的经验基础上产生的文化理解，所有因素共同构建出一个“虚拟的”世界。参与者就与其日常生活相关的旧事件不断产生新的记忆，同时也通过参与“自文化”而进入一个充满可能性的世界。在这个世界里，垄断性的纸币既可以是衡量一个人在社会上成功与否的标准，也可以是带有情感色彩的材料，用于贬低那种“有钱即成功”的文化。

此外，我们还请学生注意另一个问题，即同一个社会表征在不同的自文化中会带有不同的含义，比如说石头人的祖母会提供舞曲和奥利奥，而商人的“祖母”则是用于指控别人欺诈或者作弊的工具词。

如果我们在这些特殊条件下得出的结论能有什么普遍适用性的话，那么其中最发人深省的一个结论就是：一旦将某个外国词汇“反其意而用之”，则本来就有冲突的双方每次在使用这个词汇进行互动时，双方原有的矛盾都会进一步加剧。每一次新的（双重曲解）互动都会进一步印证其对另外一方的曲解。

探索达成共识的可能性

我们在课堂上布置的最后一篇阅读材料是美国人类学家博安南（Laura Bohannan）的著名论文《丛林中的莎士比亚》，阅读之前首先要求学生了解《哈姆雷特》这一故事。博安南在文章中回顾了自己在西非和提夫族人在一起时发生的事情。离开牛津之前，有朋友对她抱怨说莎士比亚是个英国诗人，美国人很难理解他的作品。博安南抗议说人性具有普遍性，地方性的特点很少。于是，这位朋友送给她一本《哈姆雷特》，让她带着去西非丛林做研究，等她回来以后再继续讨论人性的共性问题。

博安南来到非洲以后得知，恶劣的天气导致提夫族长老未能按时到达，这就意味着她原本想要观察的仪式只能推迟。为了消磨时间，她和当地人一起喝酒、讲故事。当地人要求博安南讲一个自己国家的故事，于是她就讲了莎士比亚的《哈姆雷特》，希望借此机会来证明这个故事是能够超越语言和文化障碍的。

在她讲故事的过程中，几乎每个情节都会被提夫族听众打断，她不得不一次又一次地停下来，回答他们关于人物动机和人物行为的问题，哈姆雷特在每一幕里的表现似乎都超出了提夫族人对人类自然行为的理解范围。最后，他们干脆直接断定哈姆雷特疯了。看到提夫族人听完故事的反应之后，博安南也不得不承认她对故事的英国式解读绝不具有普遍性。

博安南的经历表明，所有叙事均植根于一定的社会结构以及作者的道德框架，因此，一旦脱离了原始的创作背景，这种叙事便变得无法解读，或者至少也会有很多种非常不同的解读。关注某个叙事的结构性和道德性因素，尤其是关注从不同角度对同一叙事的不同解读方式，我们就能对文化及文化差异有弥足詹贵的洞察与了解。受博安南的启发，我要求学生将我们所创建的叙事当作工具，揭示在两个小组内发展起来的文化规范以及仪式化关系。

两组学生似乎都对这篇阅读资料有浓厚的兴趣，认为其对我们的实验大有启发作用。不过，他们并没有十分关注自己之前的文化体验对阐释模拟活动会有哪些影响，而是讲述了不少如何将课堂上学到的知识运用于教室和大学校园以外的故事。石头人杰米的专业是人类发展研究，她在另一个班上参加了一项实验活动，旨在揭示儿童对视觉图像的理解情况。根据在我们这门课程上获得的经验，她在那个班上表达了自己的担忧："我认为，儿童在实验室环境中的表现不能等同于他们在自己家里或者幼儿园的表现。我们的（石头汤）文化里有一些东西在外面的真实世界里就完全不是同一回事。对小孩子来说，他们在实验室电脑屏幕上看到的小兔子很有可能跟真实的兔子没有任何联系，甚至有可能跟他们在日常生活中看到的兔子图片也没有什么联系。"

对博安南的观点进行了一番讨论以后，不少学生在随后提交的现场记录中都写了一些深思熟虑的想法。其中，丹尼斯是这样写的：

> 我去过非洲，也去过英国，和来自社会不同阶层以及从事不同工作的人都打过交道。我曾经以为，像爱和恨、愤怒和嫉妒之类的情绪是普遍的人性主题。但经历过这次模拟实验之后，我开始质疑这些普遍主题存在的背景，甚至开始怀疑这种普遍主题到底是否真的存在。有什么会让提夫族人感到仇恨、愤怒和嫉妒呢？他们是如何阐释这些情感的？在不同的文化里，悔恨、幸福和爱这些概念的产生是否需要不同的条件？应该做什么样的研究才能更好地了解这些条件？这种研究有可能会出成果吗？我知道，实验开始的时候，所有成员都是随机分组的，然而，当我闭上眼睛想让自己像一个商人那样

思考时，我做不到。我只能相信，如果我当初被分到了商人的文化小组，那么我现在也就不可能像石头人那样思考了。那么在真实的世界里，我到底怎样才能真正了解来自不同文化的人呢？（丹尼斯，石头汤）

石头人和商人各自安好（但是斗到最后一刻）

虽然课堂上的气氛有时非常轻松，甚至称得上是欢乐，但两组之间的敌意却从未完全消失过。学生之间尽量保持友善的态度，让教学日程得以顺利进行，但整个班级仍然呈现明显的两极分化。座位安排从一开始就没有太大的变化，除了姗姗来迟者以外，其他学生总是和同伴们坐在一起。有两条主线始终贯穿着每一项课堂活动，而且每天都会引发石头人和商人之间的小规模口角。第一个是石头人将商人视为“钱迷”（多谢了，迈克！）。就在最后一堂课上，我听到有个石头人说：“我们身边都是商人，看好你们的钱！”第二个是商人认为石头人“娇惯懒惰”。在最后一天的告别会上，布鲁诺说：“你们这些家伙根本就不像我们那么努力，所以你们的成绩全都应该比我们低一级。”双方都无法克制自己，总是时不时地往对方阵营里扔几枚手榴弹，受到攻击的一方自然也不会就此善罢甘休。

我很喜欢下面奇金斯（Marshall Kitchens）的这段话并经常在教学中引用。他提到，在就内部人士与外部人士、熟悉的领域与不熟悉的领域等社会边界进行磋商和谈判时，总是会有一种固有的张力。因此他主张，学生必须学会从他人的角度看到自身的陌生感，这样才能对文化有更好的认识与了解。

> 他们必须代入局外人或者“他者”的角色，用陌生的眼光看待熟悉的一切。与此同时，他们还需要用内部人士的身份和熟悉的眼光去理解陌生的事物。他们必须同时看到差异和相同之处并将二者谨慎地结合起来……如果缺乏这种综合、平衡的视角，则结果只能是以内部人士的身份天真地庆祝自己的文化或者以外部人士的身份对“他者”提出肤浅的批评。这两种情况都不能对一种文化产生富有同情心且内容丰富的认识与了解。

奇金斯的这段话帮助我为研究项目设定了一个目标，那就是以“综合、平衡的视角”对文化产生“富有同情心且内容丰富的认识与了解”。可惜结果却未能如意。从学生的现场记录来看，几乎没有什么证据能证明他们愿意站在对方的角度看问题。用奇金斯的话来说，我们只不过是在“以内部人士的身份天真地庆祝自己的文化”。

我们不仅没有以一种平衡的视角看待自己和他人的文化，我当初设想和学生一起创作伟大叙事的美好愿望也全都落了空。因为我们并没有共同创作出一个故事，石头人和商人各行其是，各自创作着不同的故事。关于成为某个文化中的一员意味着什么，双方从未达成过共识；关于跨文化互动中到底发生了什么，他们最后也没有达成统一的认识。石头人关于自己是什么样的人以及商人是什么样的人有着稳定而明确的观点，但这些观点和商人对他们以及对自己的看法毫无共同之处。石头人米兰妮对公平贸易联盟的文化有以下观点。

> 我觉得他们的文化（公平贸易联盟）一直都不是很平衡。他们总是用成本效益来衡量自己的选择，不仅在进行交易游戏的时候如此，在对待我们和他们自己人的时候也是这样。当有些石头人谴责他们过于痴迷金钱的时候，尤其是说到他们会将获得我们赠送的礼物当作财富积累的手段，以及他们总是想方设法从我们手里多拿一些硬币时，他们就会为自己的价值观进行激烈的辩护。他们（公平贸易联盟）说我们不理解他们是因为我们有“无限的”财富，而他们则只能靠自己的努力来赚钱。照这样说的话，那他们为了生活就可以不择手段了。他们认为我们的财富是“无限的”，这一点让我觉得很好笑。我们认为自己的财富是爱、同情心、分享、和平，这些财富的确是无限的；如果是他们所说的那种财富，那我们所拥有的财富也并不是无限的。我们虽然有足够多的金币，但并没有想要获得更多金币的愿望。他们总是想要得到更多，永远都不会满足。除了贸易之外，公平贸

易联盟的文化几乎没有任何其他内容。我的意思是说，除了交易活动以外，他们只有吃东西和策划下一次交易这两项内容。我们这边会不断创造出新的传统和符号来传达我们的观点和信念，而他们则将全部精力都投入到物质游戏里。所以，他们不像我们这样重视文化理念，他们总是想在“公平”这个模糊的界限内努力超越自己的同伴。我认为，商人们根本就没有意识到有些仪式可以带有抽象的意义。虽然我们的游戏和手工制品也涉及物质，但跳舞在形式上就没有这种物质性，因为它只涉及人的参与，看上去好像是在浪费时间（对他们来说，时间就是“金钱”）。有一个商人甚至把最后一堂课称为“末日”，他大概是将最后的奖励看作最终的目的，而他们的文化只不过是达到目的的手段吧。虽然我喜欢他们的个人英雄主义价值观，也喜欢他们游戏中的智力因素，但如果让我选的话，我还是更愿意待在石头汤文化。（米兰妮，石头汤，最后的反思）

与米兰妮对商人的观察相比，商人们对石头人的观察既没有这么透彻，也没有这么周全。很多商人的现场记录中都看不出撰写者想要了解石头汤文化的迹象。以下两段文字的作者分别是萨姆和南森，代表了商人对石头人的典型观点。

最后一天，石头人对公平贸易联盟的商业文化仍然保持原有的态度，这让我感到十分有趣。总的来说，他们的行为方式还是像真正的石头人那样，我们之间的关系就是嬉皮文化和华尔街商业文化之间的对立。其实不应该是这样的，因为每个人都不一样，但是看石头人对我们的态度，他们好像非常受伤也非常困惑。可这只不过是个模拟活动！有个女生觉得很受伤，不停地说他们来到我们这里以后完全被我们无视了，说自己也不知道怎么回事就“被占了便宜”，还说就算他们知道是怎么回事也还是会被利用，因为他们根本就不理解我们的纸牌游戏。我觉得她说的这些很好笑。真是的！（萨姆，公平贸易联盟）

石头人到我们这里来访问的时候全都很紧张，他们非常害怕商人的文化。石头人都很无私、富有同情心，相比个人得失，他们更重视人与人之间的关系。石头汤文化的优势就在于他们的积极态度和彼此之间建立起来的牢固的纽带关系。他们的劣势就是当其他人利用他们时不知道如何保护自己。我觉得自己更加适合公平贸易联盟的文化，因为我是一个竞争心很强的人，愿意通过自己的努力实现人生目标。（南森，公平贸易联盟）

商人有哪些特点？

商人们在现场记录中描述自己的时候用得最多的形容为：勤奋、好胜、独立、诚实、比石头人机智、更能适应“真实的世界”。石头人对商人的评价除了勤奋之外还增加了一条：灵活。两种文化都觉得商人对待金钱的态度十分专注而执着，这让他们大部分时间表现得既贪婪又紧张。石头人认为，商人对待客人的态度太过冷淡、不够友好，缺乏人际交往的技能，文化内容极端匮乏，石头人看重的道德价值商人全都没有。“他们除了自己谁都不关心。”“他们就连自己的祖母都敢抢。”“他们没有社交生活。所有人都只爱钱。”

石头人有哪些特点？

石头人认为自己性格平和、心地善良、重视家庭、为人风趣、崇尚祖先、慷慨大方、热爱艺术、富有创造力、开放、诚实、坦然、不在乎金钱。商人们也认为石头人性格平和、慷慨大方、不在乎钱，但这主要是因为他们太过天真，对“真实的世界”一无所知。此外，商人还认为石头人无聊乏味、懒惰娇惯、非常落后。有一半商人如此评价石头人：“他们觉得自己很完美”“他们认为自己比我们好”“他们整天自以为是”；另外一半则表示：“我为他们感到难过”“他们也很无奈”“我觉得他们很可悲”。

双方对自己和对方的看法不一样，相同之处在于双方都极力贬低对方的文化，同时对自己的文化则极尽赞美之辞。他们对整个模拟实验项目的评价也同样呈现出两极分化的趋势，与他们对两种文化的观点惊人的一致。石头人认为，模拟实验是关于一个特别发达、热爱和平的社会（当然是指他们自己）在面对粗鄙、贪婪的商人入侵时如何努力保持自己温和处事方式的故事；而商人则认为，这是一群机智、文明、勤劳的企业家和一群温和、善良但因为懒惰、落后而不知詹惜和保护自己资源的倒霉的嬉皮士偶遇之后发生的故事。

想象的世界成为现实

模拟实验结束以后，40 名学生中有 37 人表示其所属的文化与自己的个性相符，而实际上，当初的分组是完全随机的。我们最大的成功之处就是创建了两种截然不同的自文化并发展出两种完全不同的文化产物体系和行为规范来阐释模拟实验中各个事件的意义。我们表现出偏袒己方、贬低对方的倾向与能力，这表明组内形成了牢固的纽带且组与组之间产生了紧张的关系。更加重要的是，我们的这些成就拥有多角度、多元化的记录。

这个研究项目结束以后，不断有人提到实验结果非常出乎意料，所有参与过这个项目的人也全都对此表示认同。在实验的前几个星期，我们每个人都觉得这些模拟事件无比真实，这实在令人难以置信，没有人能事先预测到我们在这个研究项目中会投入多少情感。虽然几乎所有人都提到过这个问题，但安娜的总结最为精辟。

> 我知道这个文化和这些游戏(不知道为什么，“游戏”这个词用在这里好像不大合适）都不是真的，但是它们也并非不真实。我真的参加了这些活动，身处真实的教室，用我真实的手指握住那些真实的卡片。我真真切切地做了那些事情，用我真实的嘴巴说出了那种语言，用我真实的大脑思考过那些问题。（嗯？要不然我怎么才能赚到钱？）我真真切切地感受到了那些贪婪、沮丧和内疚的情感。这门课真是让我倍感惊奇。像这样的游戏到哪里才算是结束？“真实的生活”到底从哪里开始呢？还是说其中的一个就包含在另一个中间？（安娜，公平贸易联盟，最后的反思）

法国哲学家让·鲍德里亚（Jean Baudrillard）对此一定不会感到吃惊。他在《拟像与模拟》一书中解释道，我们之所以会进行模拟是因为我们无法从目标实体上直接获取想要的信息，于是我们只能创建一个与原版尽可能相似的模型，通过这种间接的方式来得到我们所寻找的信息。当我们用这些模拟活动来测试社会机制的反应时就会出现问题。鲍德里亚在书中写道：“人造的符号网络会和真实存在的因素纠缠、混合在一起……虽然并非你所愿，但是你会马上发现自己仍然处于真实之中，而真实的功能之一就是要吞噬一切想要模拟的努力，将一切都变成真实，换言之就是要建立秩序……而秩序永远都会选择真实。”

鲍德里亚认为，实际上根本就没有办法将模拟的过程与我们身边真实的力量完全分离开来，因此，本研究项目中的社会模拟只是一种浪漫主义的科学方法。这个游戏不仅让我们得以揭示和控制想要了解的社会过程，而且让学生得以参与进来并投入自己的情感，从而让我们可以从研究环境中所发生的事件和实际生活体验中了解二者之间合理的联系。

我们创造出一个想象的世界并在其中生活了一段时间，而这正是两位有影响力的思想家用来描述文化的方式。进化论心理学家亨利·普洛特金（Henry Plotkin）在其关于文化进化论的书籍《想象的世界成为真实》中表示，人类的文化有别于其他任何生物所创造出来的文化，因为我们所有的文化产物都首先存在于我们的想象中。早在一个世纪前，苏联心理学家维果斯基就在其著作《社会心理：高级心理过程的发展》中表达了同样的观点："人类用双手创造出来的所有作品及整个文化世界都有别于自然世界，因为人类的文化是人类想象力的产物，是以想象为基础的创造力的产物。"

学生在石头汤和商人文化中的个人投入对他们的学术表现也有影响。他们吃惊地发现，自己只上了几节课就对编造出来的文化有如此大的情感投入，所有学生都迫切地想要知道这背后的原因。刚开始，我们讨论过要特意采取一些措施来加强两种文化的氛围或情绪，但与此同时，我们也同样注重学术氛围的营造。

帕尔默（Parker Palmer）和扎荣茨（Arthur Zajonc）两位学者在其论著《高等教育的核心》中表示，有些教学方法能够在学生中创建联系紧密的社区，但大学课堂上一般都缺乏其所需的必要条件：热情好客。教室里通常并非展现热情友善的地方，而且这个问题比我们想的更加普遍。即使是在以讨论为主的课堂上，学生们也早已学会不苟言笑、就事论事，很少能听到学生真诚的提问，更不用说有人会直接承认自己的无知，就算有学生提问也只是为了让教授知道他们听懂了。帕尔默认为，大学的课堂应该是热情、友好的地方，这不仅是因为友善是一种美德，更是因为真正的教育需要枯燥和严肃，而热情友好能够为这种枯燥和严肃提供有力的支持。一个热情友好的场所能够让学生敢于说出和老师不同的意见、敢于和同学辩论、敢于承认自己不知道。

在我们的课堂上，所有人刚开始都处于无知的状态，而学习也不是从更博学的人那里获取知识，而是和其他同样无知的人一起创建新的知识体系。因此，当我们面对问题和处理问题的时候，想要置身事外是不可能的。和我们仅从文本中学习文化这一过程相比，一边阅读文本一边参与文化实践，让文化创造的画面、声音、感觉都成为教育体验中不可分割的因素，这样的过程更加令人信服，更加令人无法抗拒。

在一个不友好的环境中，我所希望完成的那种研究以及浪漫主义科学体验是不可能实现的，因为学生不会放下自己的戒备心，不会投入到看上去很傻的模拟活动中。同时，这种经过精心设计和安排的课堂体验也能让学生感受到歌德所谓的“质变”。所有参与这个项目的人在小型群体文化的起源这一有趣的现象上投入了大量的时间。随着文化的不断发展，我们只能跟着一起发展。用歌德的话来说，其结果就是“感知器官”对文化起源的感受与仅从书上阅读他人的观点有着本质的区别。

以下现场记录的作者是崔维斯。刚开始的时候，他曾将自己描写成“外黄内白的奶油蛋糕”。如今实验已经接近尾声，崔维斯的评论表明，这种反思性的参与实现了参与式研究的终极目标。

> 大家都说商人是“个人主义”文化，而石头人是“共产主义”（或者社会主义之类的）文化。我一直都在思考这个问题。每当人们谈论黄种人和白种人的时候，总是会说起这个话题。我觉得黄种人对此已经感到厌倦了，至少我自己是这样的。这让我想起《布莱恩的一生》这部电影。布莱恩和耶稣同一天出生，而且两个人是邻居，因此，人们总是将他误认为是耶稣基督，总是跟在他身后寻求神迹。一天晚上，他和女朋友躲在他母亲的房子里。但第二天早上一觉醒来推开窗户后，他发现窗外全都是疯狂的人们。他愤怒地吼叫着，要他们全都走开，不要再跟着他了，他说他们全都是独立的个体，每个人都不一样。结果人群听了以后欢呼起来，一遍又一遍地大声重复着他的话：“我们全都是独立的个体！我们全都不一样！”只有站在

> 人群后面的一个人说了句“我不是”，然后转身走开了。
>
> 说了这么多，其实我想说的是，我一直都在观察我们的小组，虽然我们全都骄傲地认为自己是独立的个体。但实际上，我们的行为非常相似，甚至有可能比石头人更加相似。这是否意味着我就像转身离开的那个人呢？我也不知道。（崔维斯，公平贸易联盟，5月8日）

崔维斯的总结和其他参与者的反思并没有太大出入。几乎所有人都自信满满地提到我们在实验中通过亲身经历学习了各种相关理论，然后充满感情地提及这些经历改变了他们看待自己和彼此的态度，同时还提到了文化和人生等广泛的话题。写到这里，我才后知后觉地意识到，虽然一路走来有很多波折起伏和偏离初衷的状况发生，但或许正是因为这样，我才能够得到自己梦想中的研究和教育成果。这是将理论和实践相结合的过程，是歌德所提倡、科尔以及比较人类认知学实验室的所有成员所身体力行的研究方法。我希望读者也能和我们一样有这种亲身参与、乐在其中的感觉。

结 语

在讨论文化起源、跨文化交际、体验式教育、文化规范的创建、群体认同、个人及社会发展这些话题的时候，贯穿其中的是一种持续不断的对话过程，那么怎样才能涵盖所有的讨论要点呢?在模拟实验逐步展开的过程中，如何尽可能地将我自己的主观评论限制在最低水平，同时还要控制想要得出完美结论的欲望和倾向，这是我在写《石头汤实验》这本书时遇到的最大挑战。面对几百页的现场记录，每一次社交互动都有着相互矛盾的解读，这确实是件令人头疼的事情。文化通常并不优雅和完美，反而像有个学生第一次看到所有实验数据时所说的那样，简直是“一团糟”。如果你想要得出完美的结论——就算真的有这种可能，那便意味着要排除这个项目原本想激发的那些问题和对话，同时也意味着要抛弃浪漫主义科学的方法论，抛弃我们费尽心思方告确立的忏悔式报告模式。

最后，我将提出几个能够激发更多思考、更多对话、更多研究，甚至有可能会为高等教育文化带来一些改变的相关问题。第一点是情感、游戏、社会互动对意义的形成具有十分重要的作用。莱姆克（Jay Lemke）认为，意义总是带有情感。“如果不是对过程和结果带有情感，我们是不会制造出意义来的。”我们意识到某个过程的重要性，然后就会带着期待、好奇、无聊或者沮丧等情感进入这个过程，接着还会对结果产生差异、厌恶、高兴、严肃等情感。此外，当我们和其他人一起创造意义的时候，我们彼此之间的感情、我们带进事件之中以及即时发生的那些事，都会成为这项任务不可分割的一部分。正如莱姆克在《关于学习在社会生态中的情感和意义》这篇论文中所说的那样：“行动的执行、意义的制造、情感的产生,所有这些都是彼此关联的……我们根本就不可能将行为序列、意义制造和情感分离开来进行研究和分析。”

在石头汤实验中，学生们付出了高度的情感投入，进而完成了对学习体验的深度分析和反思，这或许意味着我们需要对长期以来形成的高等教育理念重新进行思考。长久以来，人们一直认为情感和理智是不相容的，有时甚至是相互冲突的。但是通过这个实验，我认为有必要对情感和社交互动在学习中所起的作用做进一步的研究。

因为这种强烈的学习体验出现在以游戏为特色的环境里，所以我认为，如果能引入当前仍被视为肤浅或不恰当的场景和活动，那么我们就能进一步拓宽对高等教育最佳学习环境氛围的认识和了解。我觉得学习时所处的情绪或情感状态对莱姆克所描述的意义制造过程有着极大的影响，但我们很多人都将学习等同于努力工作和辛勤劳动。这样做的结果就是，教室里的学生不停地看钟表盼下课，下课铃声响起的时候，他们就像是终于离开监狱的囚徒一样。从长远来看，这种学习态度会严重打击学生探索新知识的兴趣，会摧毁未来的求知欲望。那么，事情必须如此吗？如果将游戏列为教学要素之一，让学生参与有趣的即兴活动，让他们自由地探究和尝试新知识，为他们提供一个可以让新观点在其中生根发芽的空间，那么我们或许就能够用较少的付出得到更多的回报。

当我说出这段话时，我相信这也是说出了参与过石头汤实验的所有人的心声——我们衷心地希望这场交流不会就此停止；也希望会有更多的人受我们的故事启发，去开展相似的项目并与我们分享他们的故事。我们不知道这场交流会将我们引向何方，但在那路上，我们将携手同行。

致 谢

首先，我必须感谢选修 COHI 130 SP2008 课程的全体学生以及我的项目联络人瑞秋·科迪－菲斯特，感谢他们对我的信任，感谢她毫无保留地投入到这个模拟实验项目中来。石头汤实验是他们的成就，我希望自己在本书中的叙述能够清楚地表明这一点。

我们全都效力于史上最浪漫的科学家迈克尔·科尔。我在比较人类认知学实验室的同事包括卡米尔·坎皮恩、贝丝·弗霍特、戴维·冈萨雷斯、基尼·戈顿、罗伯特·勒库赛、艾蒂安·佩拉普拉、塔玛拉·鲍威尔、伊凡·罗塞罗、斯蒂芬·田中、格瑞·汤普森，他们在每周的实验室会议上均耐心倾听我喋喋不休的长篇大论，帮我理清思绪并形成清晰的观点。对这些给我启发、协同合作的朋友和同事，我深表谢意。

特别感谢我论文委员会的各位成员：汤姆·汉弗莱斯、杰·莱姆克、詹姆斯·列文、休·米恩、卡罗尔·佩顿，感谢他们慷慨给予我的时间和专业知识，以及最为重要的友善，我对此感激不尽。

感谢我的编辑伊丽莎白·戴森，感谢她从一篇草稿中发现了可以出版的潜质并提供了恰到好处的指引与支持。感谢丽莎·维尔利对手稿所做的耐心细致的文字编辑。感谢不知名的各位读者，是他们富有见地的修改意见让本书更臻完善。

最后，感谢我亲爱的丈夫和我詹爱的家人，你们是我的避难所，是我心灵的港湾。感谢你们为支持我的这项工作所做的一切。